Vom Klosterdorf zur Industrievorstadt

Eine Chemnitzer Stadtteilgeschichte zu Kappel und Umgebung

Titelbild: Blick vom Kapellenberg auf Chemnitz mit der Kirche St. Nikolai, um 1900

Vom Klosterdorf zur Industrievorstadt

Eine Chemnitzer Stadtteilgeschichte zu Kappel und Umgebung

VERLAG
Heimatland
Sachsen
CHEMNITZ

Chemnitz 1999

Die deutsche Bibliothek - CIP Einheitsaufnahme
Vom Klosterdorf zur Industrievorstadt
Eine Chemnitzer Stadtteilgeschichte zu
Kappel und Umgebung
mit 93 Abbildungen
Herausgeber: Jörn Richter, Stefan Weber
Verlag Heimatland Sachsen GmbH Chemnitz, 1999
ISBN 3-910-186-27-0

Verlag Heimatland Sachsen GmbH Chemnitz
Satz: creative advertising gmbh
Druck: Mugler Druck-Service GmbH
Chemnitz 1999
ISBN 3-910-186-27-0

ORWORT

Vor zwei Jahren konnte der Verlag Heimatland Sachsen mit dem Titel „Leben auf dem Sonnenberg" ein erstes stadtteilbezogenes Buch veröffentlichen. Jetzt liegt ein zweiter Band zu Kappel und Umgebung vor. Die Anregung dazu gab dem Verlag die Kirchgemeinde St.-Nikolai-Thomas, deren über 800jährige Geschichte nicht nur eng mit den Stadtteilen Niklasgasse und Kappel verbunden ist, sondern deren Mitglieder einen entscheidenden Einfluß auf viele Ereignisse in ihrem Stadtteil hatten und haben.

Unter Betreuung von Gert Richter wurden die Autoren Jörg Feldkamp, Julia Fromme, Henry Görschler, Alfons Hueber, Heiner Matthes, Wolfgang Uhlmann, Gabriele Viertel und Stefan Weber für mannigfaltige Beiträge gewonnen.

Die Artikel folgen jeweils den Sichtweisen der Autoren und geben einen breiten Einblick, was diesen Stadtteil in seiner vielfältigen Entwicklung und Geschichte auszeichnet. Wenn dadurch auch hier und dort Wiederholungen in den Darstellungen auftreten, beleben diese das Lesen und erläutern Zusammenhänge. Auf weiterführende Anmerkungen wurde im Sinne der Lesbarkeit verzichtet. Bei der Schreibweise von Namen wurde weitestgehend versucht, Einheitlichkeit zu erzielen. Historische Zitate sind in Anführungsstriche gesetzt. Begriffe in Verbindung mit Niklas und Nikolai wurden bis um 1900 mit C, danach mit K geschrieben.

Dieses Buch über Kappel und seine Umgebung wurde als populärwissenschaftlich, historische Darstellung erarbeitet. Sehr viele Dinge, die über Jahrhunderte dieses Stadtgebiet prägten, existieren heute nicht mehr. Weder von einstiger Landwirtschaft noch von der gigantischen Industrievorstadt, die sich vom Falkeplatz bis weit hinter die Kappler Drehe hinzog, ist jetzt noch viel zu erkennen. Gerade die Fläche vom Falkeplatz entlang der Zwickauer Straße wurde in den vergangenen 50 Jahren so eingreifend verändert, daß mancher gar nicht glauben mag, daß hier einst Fabrik an Fabrik stand und sich ein pulsierendes Leben abspielte.

Wichtige industrielle Entwicklungen für Deutschland und Europa hatten in Kappel ihre Wiege. David Gustav Diehl, einer der Pioniere des Werkzeugmaschinenbaus und Moritz Albert Voigt, Begründer der deutschen Stickmaschinenindustrie, bauten hier in den 60er Jahren des vorigen Jahrhunderts ihre Fabriken. Das sächsische Manchester wäre ohne die riesige Ballung von Textil- und Maschinenfabriken entlang des Kappelbaches undenkbar gewesen.

Neben den Industrieanlagen war Kappel ebenfalls eine Hochburg des kulturellen Lebens. Davon zeugen nicht nur noch vorhandene Theater und Vereinshäuser. Henry van de Velde und Edvard Munch holte der Kappler Textilfabrikant Herbert Esche nach Chemnitz und ließ sie hier bedeutende Kunstwerke schaffen. Von der Kappler Malerin Marta Schrag wird eine Wandmalerei im künftigen Industriemuseum erhalten sein, die einen Einblick in eine vergangene Arbeitswelt ermöglicht.

Heute, wo man unter Kappel vor allem die Wohngebiete zwischen der Neefestraße und der Stollberger Straße versteht, soll dieses Buch wenigstens in Ansätzen versuchen, die Vergangenheit über ein Stadtgebiet zu bewahren, in dem herausragend Chemnitzer Industriegeschichte gestaltet wurde.

Wenn dieses Buch gerade zu einem Zeitpunkt erscheint, wo der Grundstein für das Sächsische Industriemuseum an der Kappler Drehe gelegt wurde und die St.-Nikolai-Thomas-Gemeinde ihre Kirchweihe vollzieht, ist es ein Zeugnis dafür, daß dem alten Stadtteil in seiner jahrhunderte langen Tradition eine respektable Zukunft versprochen ist.

Die Herausgeber

NHALT

1. KOMMUNALE UND KIRCHLICHE GEMEINDEGRENZEN

Die Autoren beschreiben ein Gebiet, das im wesentlichen die politischen Gemeinden Niklasgasse (1844 nach Chemnitz eingemeindet) und Kappel (1900 eingemeindet) umfaßte. Das entspricht mit einigen Abweichungen dem Territorium der heutigen Kirchgemeinde St. Nikolai-Thomas. So wie sich die Grenzen der Kommunen im Verlauf der historischen Entwicklung veränderten, kam es auch zur Umgestaltung der kirchlichen Gemeindebezirke.
Eine genaue Beschreibung der ehemaligen kommunalen und kirchlichen Gemeindegrenzen ist möglich, bereitet aber einige Schwierigkeiten.

Um ausgebrochene Streitigkeiten zwischen dem Kloster und der Stadt zu schlichten, hatten zu Beginn des 15. Jahrhunderts Abt. Nikolaus und der Konvent des Klosters St. Marien auf dem Berge ein großes Gebiet zwischen dem Chemnitzfluß und dem Kaßberg, zwischen dem Nikolaitor (Falkeplatz) und der Grenze zu Altendorf verkauft.

Die Urkunde vom 29. September 1402 beschreibt im einzelnen, welche Teile der Klosterdörfer Gablenz, Bernsdorf, Kappel, Streitdorf und Borssendorf an die Stadt Chemnitz übergegangen waren. Über Kappel heißt es darin: „Zu den Cappellen an achtelhalben lehen unde an sechs ruten agkers, des breyte sich anhebet an Hannas Kresbisser garten und wendet an Andres Schultheyßen kindern, dy lenge an deme dorffe und wendet an Katheren uf dem weere. Dy lenge hebet sich an deme dorffe unde wendet nedene an Borssendorffer reyne unde obenwendig an Aldindorfer reyne." Vergleicht man die Größe der ehemaligen Klosterdörfer des Chemnitzer Kirchenbezirkes, dann kann man diese in etwa ähnlich großem Umfang feststellen.

Durch den umfangreichen Landerwerb der Stadt Chemnitz und die damit verbundene Neubildung der Niklasgasse als selbständige Gemeinde sowie durch die Eingemeindungen seit dem 19. Jahrhundert sind die ehemaligen Grenzen von Kappel und auch der anderen Gemeinden „fließend" geworden.
Besonders die Gemeinden Kappel und Bernsdorf verloren große Gebiete. In den Mitteilungen des Vereins für Chemnitzer Geschichte steht 1908 dazu über Kappel: „Dasselbe dehnte sich ja bis 1402 viel weiter aus: Im Osten bis zur Chemnitz, im Norden bis zum Kaßberge", wobei damit die ansteigende Höhe bis zur heutigen Weststraße gemeint war.
Im Ergebnis der Stadterweiterung von 1402 gab Kappel den überwiegenden Teil an die Stadt; doch das eigentliche Dorf, rechts und links der heutigen Zwickauer Straße bis zur Kappler Drehe blieb in Klosterbesitz. Dieser Teil von

Kappel bildete fortan ein selbständiges Dorf mit dem Namen Niklasgasse. Blaschke bemerkt im „Historischen Ortsverzeichnis von Sachsen", daß die Sant Niclasgassen" urkundlich zum ersten Male 1493 erwähnt wurde.

In vorreformatischer Zeit gehörten zur St. Nikolai-Gemeinde die Ortschaften Kappel, Niklasgasse, Helbersdorf, Höckericht, Schönau und die Filialkirche Altchemnitz. Nach der Reformation 1539/1540 wurden noch Altendorf und Neustadt zu St. Nikolai eingepfarrt. Die kirchlichen Gemeindegrenzen umspannten das Gebiet von der Ortsgrenze Altchemnitz nach Harthau, etwa am Zusammenfluß von Zwönitz und Würschnitz bis nach Höckericht, etwa an der Autobahnüberführung der Zwickauer Straße. Man muß sich bei diesen Entfernungen vorstellen, welche Wege die Pfarrer mitunter zu gehen hatten, um Gemeindeglieder zu besuchen.

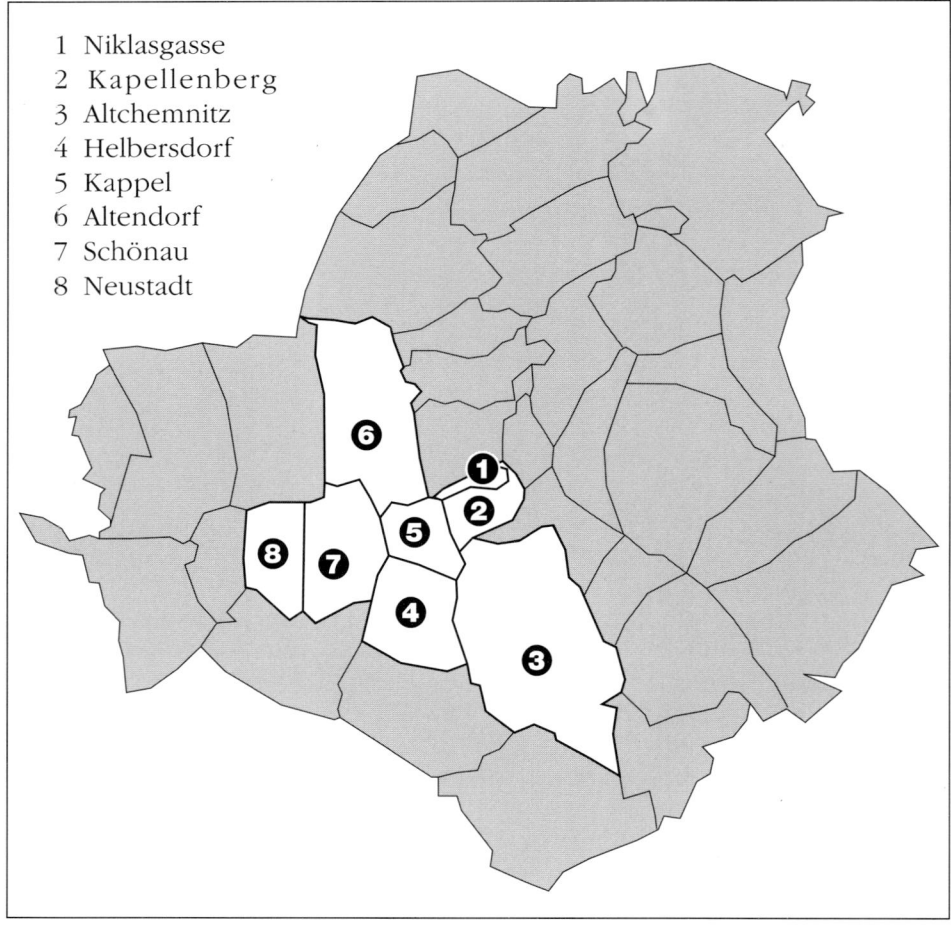

1 Niklasgasse
2 Kapellenberg
3 Altchemnitz
4 Helbersdorf
5 Kappel
6 Altendorf
7 Schönau
8 Neustadt

Die Gemarkungsgrenzen von Chemnitz 1402 - 1950 mit Hervorhebung und Benennung des Kirchenbezirkes St. Nikolai zwischen 1540 und 1880.

In Wechselwirkung zur Großstadtentwicklung im 19. Jahrhundert erfolgte ab 1880 eine Teilung. Per 1. Januar 1884 entstanden die selbständigen Kirchgemeinden: Altendorf, Schönau mit Neustadt und Höckericht und Altchemnitz.

St. Nikolai und St. Thomas bildeten seit 1911 die Pfarrgemeinde in dem zu beschreibenden Territorium.
Wie unterschiedlich die Größe und Einwohnerdichte der drei am 1. Oktober 1900 nach Chemnitz eingemeindeten Vororte waren, zeigt die Tabelle:

Vorort Stand am 1.10.1900	Fläche in ha	Einwohner-zahl	Einwohner-dichte Einwohner km²
Kappel	129,10	7.300	5.655
Altendorf	475,19	4.500	947
Gablenz	616,52	11.800	1.914

Kappel war zu diesem Zeitpunkt die dichtbesiedeltste Vorortgemeinde. Die Stadt mit einer Einwohnerdichte von 5.687 Personen auf 1 km² wuchs in den Vorort Kappel hinein.

Wollten sich die Autoren aber dogmatisch an die politischen Grenzen der ehemaligen Gemeinden halten, müßten wahrscheinlich einige markante Kappeler Standorte unbeschrieben bleiben.
Denken wir nur an den 1815 eröffneten Nikolaifriedhof. Damals gehörte dieser Grund und Boden zur Gemeinde Altendorf, die aber als Kirchgemeinde nach St. Nikolai eingepfarrt war.
Es gibt aber auch andere Beziehungspunkte, die die Autoren über die ehemaligen Ortsgrenzen von Kappel und Niklasgasse hinausführen. Auf einige sei hier hingewiesen: Stadtpark mit Zimmermannscher Naturheilanstalt, Deubners Weg mit Bierkeller, Restaurant Wintergarten, Brauhaus Feldschlößchen, Esche-Villa und Flugplatz an der Stollberger Straße.

Kappel im Jahre 1844.

1. Lohse
2. Scheibner
3. Krumbiegel
4. Löffler
5. Lohse
6. Bach
7. Spritzenhaus
8. Geier
9. Groß
10. Oertel
11. Schnäbelly
12. Köppner
13. Herbst
14. Köppner
15. Meisner
16. Bofsler
17. Clemenhaus
18. Rudolph
19. Sonntag
20. Barthel
21. Arnold
22. Bauer
23. Meisner
24. Schurich
25. Uhlemann
26. Clemenz
27. Lorenz
28. Claus
29. Weltzel
30. Gube
31. Lohse
32. Gube
33. Schreiter
34. Marloth
35. Heinich
36. Bach
37. Seidler
38. Eichhorn

39. Köhler
40. Clauß

Das alte Kappel, um 1844.

2. ZUR GESCHICHTE DER NIKLASGASSE UND DER DORFGEMEINDE KAPPEL

Am Falkeplatz beginnend bis zu den Hängen des Kapellenberges dehnt sich ein Gebiet, daß bis zum Jahre 1844 unter dem Namen „Niklasgasse" vor dem Nikolaitor in Richtung Kappel als Vorort existierte. An den Namen „Nikolai" erinnert heute nichts mehr; die Vorstadt ist vollkommen in das Gebiet von Chemnitz integriert worden, selbst Namen wie Nikolaivorstadt oder auch der des späteren Nikolaibahnhofes (heute Bahnhof Mitte) gibt es nicht mehr. Benannt wurde diese Vorstadt nach einer im 14. Jahrhundert dem heiligen Nikolaus geweihten Kirche. Die mögliche Existenz einer Wehranlage an dieser Stelle würde Rückschlüsse auf eine Besiedlung dieses Gebietes vor der Stadt zulassen, vielleicht sogar bereits in vorstädtischer Zeit.

Der heilige Nikolaus galt als Schutzpatron für Kaufleute und Händler. Eventuell ergeben sich hier auch Rückschlüsse auf die Gründung eines Marktfleckens im Gefolge der Klostergründung durch Pegauer Benediktinermönche am Fuße

Die alte Nikolaikirche, rechts Gasthof „Zur Laterne" an der Stollberger Straße, um 1840.

des heutigen Schloßberges. Dem interessierten Leser liefert das nächste Kapitel zur Geschichte der Kirchgemeinde St. Nikolai weitere Fakten zum Thema. Bedeutung erlangte die Nikolaivorstadt vor allem in der Zeit der frühkapitalistischen Entwicklung der Stadt, als der Raum in der Stadt für einen derartigen Fortgang zu eng wurde. Auch dürfte der Standort nahe des Chemnitzflusses, verstärkt durch den Kappelbach, eine große Rolle gespielt haben. Hier fanden mehrere Mühlen ihre Niederlassung. Noch heute bekannte Bezeichnungen wie Walkgraben oder Nikolaimühlgraben geben Zeugnis davon. Neben den Mühlen gab es auch eine Saigerhütte. Mit Beginn des 18. Jahrhunderts betrieb die Stadt im Gebiet des Kapellen- und des Hüttenberges Bergbau. Da aber keinerlei Gewinn erzielt wurde, endete die Befahrung der Gruben um 1730.

Metropol-Theater an der Zwickauer Straße, um 1914.

14

Mit Beginn des 19. Jahrhunderts begann sich Industrie in der Nikolaivorstadt anzusiedeln, ein Prozeß, der nach der Eingemeindung nach Chemnitz im Jahre 1844 größere Ausmaße annahm und sogar erst in der ersten Hälfte unseres Jahrhunderts zum Abschluß kam. In erster Linie waren es Kattunfabriken und Spinnereien, die hier ihre Niederlassung fanden. Bis zum Zweiten Weltkrieg war an der Beckerstraße ein regelrechtes Fabrikviertel entstanden, und bedeutende Textil- und Werkzeugmaschinenfabriken etablierten sich hier, u. a. die Deutsche Werkzeugmaschinenfabrik vorm. Sondermann und Stier.

Rund um den Falkeplatz als einem zentralen Punkt unmittelbar am Eingang zur City entstanden nach 1900 eine Reihe öffentlicher Gebäude, u. a. repräsentative Bauten der Deutschen Bank (1926), der Sparkasse (1930) oder des Metropol-Lichtspieltheaters.

Unmittelbar an die Nikolaivorstadt anschließend erstreckt sich der Vorort Kappel, der bis zu seiner Eingemeindung nach Chemnitz im Jahre 1900 eine selbständige Gemeinde war. In seinem vollständigen „Staats,- Post- und Zeitungslexicon von Sachsen" aus dem Jahre 1817 beschreibt August Schumann das kleine Amtsdorf vor den Toren von Chemnitz folgendermaßen: *„Kappel ist ein unmittelbares Amtsdorf im Königreich Sachsen, im Erzgebirgischen Kreise, im Amte Chemnitz, ganz nahe, ganz westlich von Chemnitz auf der Straße nach Zwickau, an die Niclasgassen-Vorstadt stoßend, und am Kappelbache gelegen. Es hat 26 Häuser mit 200 Einwohnern, unter denen 7 Bauern und ein Mühlenbesitzer sind. Zum Dorfe gehören 3 3/4 Magazinhufen. Es ist daselbst ein walzend Gericht und die Einwohner sind nach Niclas eingepfarrt. Der Kappelbach fällt bei der Stadt in die Chemnitz..."*

Nichts deutete zu jenem Zeitpunkt darauf hin, das wenige Jahrzehnte später aus dem kleinen Dorf, an dem die Zeit jahrhundertelang nahezu spurlos vorübergegangen zu sein schien, ein bedeutender Industrieort Sachsens hervorgehen sollte.

Der genaue Zeitpunkt der Gründung Kappels ist nicht bekannt. Die erste Besiedlung vermutet man bereits um das Jahr 1000, wie es in älteren Darstellungen ausgeführt wird. Ob es sich hier jedoch schon um das nach 1200 erwähnte Kappel handelt, läßt sich nicht mit Sicherheit sagen. Erstmals erwähnt wird Kappel um das Jahr 1200 in einem Zinsregister des Benediktinerklosters. Zu diesem Zeitpunkt existierte der Ort schon als Dorf mit einer ausgebauten Struktur, was sich an Hand der Höhe des zu zahlenden Zinses feststellen läßt. Kappel, ca. 3 km vom Kloster entfernt, gehörte zum inneren Ring der um das Kloster gelegenen Dörfer, und zählte somit zu den ältesten Ansiedlungen der Umgegend, wahrscheinlich schon aus der Zeit vor 1136. Außerdem lieferte Kappel an das Kloster Getreide, die älteste gebräuchliche Form des Zehnten. Der Ortsname deutet auf den deutschen Ursprung des Ortes hin. Der Name Kappel leitet sich von Kapelle ab und läßt darauf schließen, daß der Ort in unmittelbarer Nachbarschaft einer Kapelle oder kleinen Kirche entstanden sein muß.

Kappel war eines der Dörfer, die den Lebensunterhalt des Klosters garantierten. Die Beziehungen waren also in erster Linie wirtschaftlicher Natur. 1331 mußten die umliegenden Klosterdörfer, unter ihnen auch Kappel, am Bau eines Palisadenzaunes um die Stadt mit helfen, so daß Flüchtende im Kriegsfalle zwischen Zaun und Stadtmauer Schutz finden konnten. Im Jahre 1402 verkaufte das Kloster für 25 Schock große Pfennige Grundstücke an die Stadt, die unter anderem auf der Dorfflur von Kappel lagen. Der Kauf der Grundstücke begünstigte die fortschreitende räumliche Entwicklung der Stadt. Die auf den erkauften Fluren gelegenen Güter wurden mit dem Stadtgebiet vereinigt und deren Besitzer traten in den Verband der städtischen Bürgerschaft ein. Auf der anderen Seite gingen Insassen der Stadt auf die neuerworbenen Fluren. Die dörflichen Niederlassungen verschmolzen so allmählich mit den Vorstädten, in unserem Falle mit der Nikolaivorstadt. Kappel, bis dahin ausschließlich ein abhängiges Klosterdorf, veränderte durch die direkte Stadtnähe seine Struktur und gewann bereits in jener frühen Zeit immer mehr Bedeutung als Chemnitzer Vorort.

Mit der Säkularisation des Benediktinerklosters im Jahre 1546 wird Kappel endgültig in den Amtsbereich von Chemnitz eingegliedert. In den nächsten zwei Jahrhunderten stagnierte die Entwicklung des Dorfes nahezu. Gab es im Jahre 1541 nur „sechs besessene Mannen, elf Einwohner und drei Hufen Land" in Kappel, so waren es 1764 auch nur „sieben besessene Mannen, zwei Häusler und 3 3/4 Hufen Land".

Nach den Hussitenkriegen und der Reformation brachen für das Land keine ruhigeren Zeiten an. Bauernaufstände, Schmalkaldischer Krieg und Dreißigjähriger Krieg forderten ihren Tribut. Hunger, Elend und Krankheit waren an der Tagesordnung. Mancher Bauer verlor durch Plünderung und Brandschatzung sein letztes Hab und Gut. 1632 zündeten feindliche Heerscharen Häuser und Bauerngüter an. Der Feuerschein über Kappel war weithin sichtbar. Noch über einhundert Jahre später waren in Kappel wie auch andernorts die Folgen der Kriegswirren durch unbewohnte Güter, Bettelvolk und geringe Viehbestände spürbar.

Im Siebenjährigen Krieg mußten die Städte und Dörfer Einquartierungen über sich ergehen lassen. In dem kleinen Ort Kappel hielten sich zuletzt mehr Kriegsleute als Einwohner auf. Die Einquartierten verlangten Bier, Branntwein, Eier, Speck, Getreide, Stroh, Heu, Brote, Butter, Käse, Hafer und vieles mehr, ganz zu schweigen vom Vieh, das sie abschlachteten und beschlagnahmten.

Ende des 17./ Anfang des 18. Jahrhunderts setzte ökonomischer Wachstum ein. In Chemnitz erfolgten erste Verlagsgründungen. Der Aufschwung der Textilindustrie und die Einführung der Strumpfwirkerei faßte auch in den umliegenden Orten Fuß. Zwischen 1790 und 1840 entstanden in Kappel bereits vereinzelt Manufakturen und kleine Fabriken. Dennoch wies der Ort um 1850 noch eindeutig dörfliche Strukturen auf. Aber als Chemnitzer Vorort war Kappel mit der industriellen Entwicklung der Stadt stark verbunden bzw. in ihrem Gefolge entscheidenden Veränderungen unterworfen. Auch die Beziehungen

16

zu den angrenzend entstehenden Industriegebieten wie Harthau, Furth oder Altchemnitz blieben nicht ohne Folgen für den Ort.

Im Jahre 1844 gab es in Kappel 40 bewohnte Gebäude mit 38 Hausnummern und etwa 300 Einwohner. Zum Ort gehörten sechs Hufengüter, ein Halbhufengut und drei Viertelhufengüter.

Mehrere sogenannte Gartennahrungen ernährten ihre Besitzer mehr schlecht als recht. Die Mühle von Kappel befand sich bereits auf Altendorfer Flurfeld. Jeder Hausbesitzer, aber auch viele zur Miete Wohnende besaßen einen Obst- und Gemüsegarten sowie Kleinvieh. Die Lebensweise der Kappler hatte sich seit Jahrhunderten kaum geändert. Geheizt wurde mit Holz, nur wenige kannten Kohlefeuerung. Das Brot backen besorgte die Hausfrau im eigenen Backofen. Das Mehl dazu ließ sie in der Mühle mahlen. Ebenso wie das Brot waren die Kartoffeln Hauptnahrung der Dorfbewohner. Sie wurden auf Mietbeeten angebaut. Als weitere Nahrungsmittel zählten Eier und Milch, selten kam Fleisch auf den Tisch. Als Beleuchtung dienten Rüböllampen, Talgkerzen und sogar Kienspan. Handwerker fanden in Kappel nur eine schwache Existenz, denn viele Dinge verrichteten die Menschen selbst. Man hatte keine Bedürfnisse. Was man benötigte, lieferte die Landwirtschaft. Die Gemeindeverwaltung besorgte der Ortsrichter ehrenamtlich. Kirche und Schule waren nach St. Nikolai pflichtig. Der Nachtwächter, welcher gleichzeitig Gemeindediener war, erhob sein Gehalt selbst, von Begüterten wöchentlich sechs Pfennige und von Häuslern zwei bis drei Pfennige.

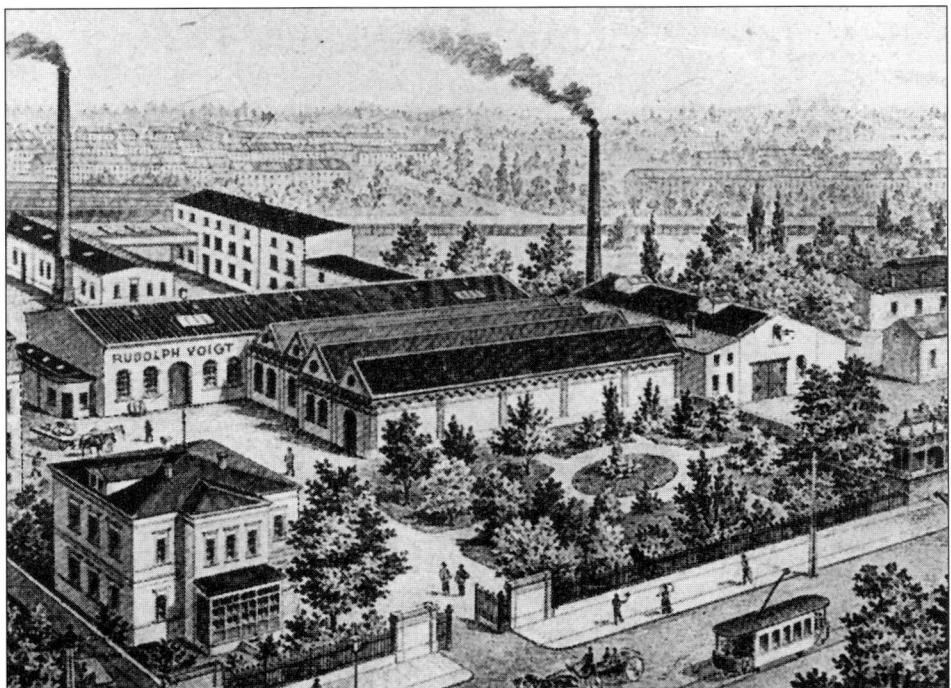

Maschinenfabrik R. Voigt um 1905 an der Zwickauer Straße.

Das Jahr 1845 brachte für Kappel die große Wende. Das benachbarte Chemnitz befand sich bereits auf dem Weg zu einem der bedeutendsten Industriezentren Deutschlands. Schwerpunkte waren hier die Textilproduktion und der Maschinenbau. Bald fand sich in der Stadt kein Platz mehr. Die unaufhaltsame Entwicklung zwang dazu, die Industrie auch außerhalb der Stadt anzusiedeln. Dabei konzentrierte man sich vor allem auf Gebiete, die eine besonders günstige geographische und topographische Lage aufwiesen oder die auch verkehrsmäßig durch Chausseen, Bahnlinien etc. gut erschlossen waren. So dehnte sich die Industrie besonders nach Siegmar-Schönau, Altchemnitz-Harthau, dem Chemnitztal und eben nach Kappel hin aus.

Im Jahre 1845 gewannen zwei Bewohner von Niklasgasse, der Seiler Merkel und der Maschinenbauer Bauman, das große Los in der Lotterie. Mit dem gewonnenen Geld bauten sie auf Kappeler Flur auf der damaligen Michaelstraße 3, 5 und 7, auf dem nach Emanuel Beck benannten Beckenmanel-Grundstück, drei Steinhäuser. Diese drei Wohnhäuser aus Stein waren die ersten in Kappel errichteten Gebäude nach Art der städtischen Bauten. Bisher gab es nur Fachwerkhäuser. Sie hatten nur ein Obergeschoß und Strohdächer. In den folgenden Jahren entstanden weitere Wohnbauten aus Stein. Alte Häuser wurden verschönert und umgebaut.

Einige Jahre später hielt die Dampfkraft Einzug und die großartige industrielle Entwicklung des Ortes begann. Viele Grundstücke wurden vorteilhaft zum Fabrik- und Häuserbau verkauft und „die Gemeinde machte ein gutes Geschäft dabei".

Bereits in der zweiten Hälfte des 19. Jahrhunderts verlor Kappel nahezu seinen ländlichen Charakter. War das Tempo der baulichen Entwicklung bis 1866 relativ langsam gewesen, setzte ab 1867 ein regelrechter Bauboom ein. In diesem Jahr wurde in Kappel die Stickmaschinenfabrik von Albert Voigt errichtet, was das Entstehen zahlreicher Neubauten, Anbauten und Erweiterungen sowie den Bau von Wohn- und Arbeitsstätten und das Anlegen neuer Straßen, wie der Friedrichstraße (später Gabelsberger Straße, heute Chopinstraße), nach sich zog. Bereits 1852 gründete David Gustav Diehl eine Werkzeugmaschinenfabrik, die zweitgrößte Fabrik des Chemnitzer Werkzeugmaschinenbaus in der Mitte des 19. Jahrhunderts überhaupt.

Die neuen Wohn- und Fabrikgebäude entstanden vorwiegend auf den Fluren und Feldern der Bauerngüter. Der landwirtschaftliche Betrieb wurde entweder sofort oder nach und nach eingestellt. Schon früh hatten Chemnitzer Geschäftsleute und Advokaten erkannt, welche Entwicklung der Vorort nehmen würde. Felder und Wiesen wurden zu Billigpreisen aufgekauft und dann als Bauland wieder veräußert.

Im Jahre 1854 errichtete die Stadt Chemnitz in der ehemaligenNiklasgasse die erste Chemnitzer Gasanstalt. Das ist ein Indiz dafür, wie stark der Ort bereits wirtschaftlich in den Stadtbereich integriert war. Große Bedeutung für die Industrieentwicklung hatte auch die 1858 eröffnete Eisenbahnlinie zwischen Chemnitz und Zwickau; Kappel erhielt einen Haltepunkt. Ein Güterbahnhof machte sich hier allerdings erst um 1880 erforderlich. Im selben Jahr richtete die Chemnitzer Straßenbahn, zunächst als Pferdebahn, ihr Depot in Kappel ein, was vielen Städtern einen bequemeren Arbeitsweg ermöglichte und die Anbindung des Vorortes an die Stadt forcierte.

Nach 1880 veränderte sich die wirtschaftliche Struktur des Ortes nur noch unwesentlich. Mit dem „Gründerkrach" 1873 war es zu einer gewissen Stagnation gekommen, der besonders viele kleinere Unternehmen zum Opfer fielen. Die Entwicklung großer Firmen wurde jedoch nicht maßgeblich beeinflußt. Eine geringe Verschiebung der Industriestruktur erbrachte die Gründung von Aktiengesellschaften, Betriebszusammenlegungen (1888 Maschinenfabrik Kappel) oder die Verlagerung von Betrieben aus der Stadt (1886 Wirkwarenfabrik Moritz Samuel Esche). Damit waren die beiden Hauptzweige der regionalen Industrie, Maschinenbau und Textilindustrie, weiterhin in Kappel dominierend.

Mit dem starken ökonomischen Wachstum in Kappel war auch die rasche Zunahme der Bevölkerung und somit die Veränderung der Sozialstruktur des Ortes verbunden. Bis zum Jahre 1850 fanden sich fast nur ländliche Bevölkerungsgruppen wie Bauern, Mägde, Knechte, Landarbeiter, aber auch Häusler, Tagelöhner und vereinzelt Handwerker. Kappel hatte im Jahre 1825 nur 230 Einwohner. Die nächsten zehn Jahre brachten lediglich einen Bevölkerungszuwachs von 32 Personen. Erst Mitte des 19. Jahrhunderts setzte ein verstärktes Bevölkerungswachstum, analog der industriellen Entwicklung ein. Die Gründerjahre mit ihrem zunehmenden industriellen Aufschwung zogen eine

Zwickauer Straße mit der 1854 in Betrieb genommenen Gasanstalt, um 1905.

Arbeitskräftezuwanderung nach Kappel und damit das Ansteigen der Bevölkerungszahl nach sich. 1871 hatte Kappel bereits 2 297 Einwohner. Die Krise 1873 führte zu einer gewissen Stagnation und Industrie- und Bevölkerungsentwicklung verlangsamten sich. In den nächsten zehn Jahren stieg die Zahl der Einwohner um nur ca. 900 Personen. Der erneute Aufschwung in den letzten 15 Jahren des 19. Jahrhunderts ließ die Bevölkerungszahl von Kappel auf das Vielfache ansteigen:

Jahr	Einwohnerzahl
1883	3 192
1887	4 100
1890	5 245
1899	7 026

Zu den bestehenden Bevölkerungsgruppen kamen nun neben der steigenden Zahl von Handwerkern, Fabrikbesitzer, qualifizierte und ungelernte Arbeiter, Dienstboten, Kutscher, Gastwirte, Kaufleute bzw. Händler, Angestellte, Techniker, Ingenieure, Architekten und andere Vertreter höherer technischer Berufe. Im Verlaufe der Jahre zog eine große Anzahl von Chemnitzer Arbeitern nach Kappel, da sie in den neuen Fabriken eine Anstellung gefunden hatten. Viele von ihnen wohnten zunächst noch in Chemnitz. Da der Arbeitsweg zu beschwerlich war, versuchten nun die meisten, in Kappel eine Wohnung zu erhalten, was durch den einsetzenden Bauboom erleichtert wurde.
Auch innerhalb der beruflichen Qualifikation der sich ansiedelnden Arbeiter traten zwischen 1865 und 1880 erhebliche Veränderungen auf; die Anzahl der gelernten Arbeitskräfte, die in Kappel zuwanderten, wuchs um fast das Doppelte. Durch die wachsende Industrialisierung war aber auch die Zunahme anderer Berufsgruppen verhältnismäßig hoch, was besonders im Dienstleistungssektor nachzuvollziehen ist. Die Zahl der Handwerker stieg bis 1870 beträchtlich an. Nach Kappel kamen vor allem Schlosser, Tischler, Zimmerleute und Maurer, was Aufschluß über die rege Bautätigkeit des Ortes gibt. Neue Berufszweige wie Comis, Buchhalter, Copisten, Zeichner , Techniker, Kostverwalter, aber auch Pferdewärter oder Kondukteure siedelten sich im Ort an.

Die nach Kappel zuwandernden Familien, über die die Meldebücher des Stadtarchives Chemnitz Auskunft geben, umfaßten in der Regel fünf bis sechs Personen, weniger als drei oder vier Kinder waren selten. Die Familienväter waren meist Arbeiter, oft Hand- oder Fabrikarbeiter, Handwerksgesellen und Landarbeiter, die eine einträglichere Arbeit suchten. Der Vermerk „Heimatschau" in den Meldebüchern läßt darauf schließen, daß es sich hier um Leute handelte, die eine neue Existenzgrundlage suchten. Die neuentstandene Industrie in Kappel hatte sie angelockt. Ein Fabrikarbeiter oder Handwerksgeselle verdiente in der Regel nur sehr wenig, und der enorme Aufschwung in Kappel ließ viele auf bessere Verdienstmöglichkeiten hoffen. Oft erwies sich das jedoch als ein Trugschluß, was nicht selten die Unterstützung aus der Armenkasse nach sich zog. Die Zahl derer, die nicht einmal das Notwendigste zum Leben hatten, wurde immer größer. Das Armenhaus von Kappel reichte bald nicht mehr aus und mußte an die Armenanstalt von Altchemnitz angeschlossen werden.

Folgende Beispiele aus den Meldebüchern entnommen, sollen die Struktur von zugewanderten Familien verdeutlichen:

A – Zimmerer, Karl August
B – Handarbeiter
C – Werdau
D – seit 6. Nov. in Nr. 9 bei Riedel
E – Ernestine Wilhelmine geb. Neubert aus Chemnitz
F – Karl August   18 Jahre
  Clara Auguste 15 Jahre
  Karl Oskar   14 Jahre
  Wilhelm Robert 11 Jahre
  Gustav   8 Jahre

A – Nestler, Friedrich Anton
B – Landarbeiter
C – Burkhardtsdorf
D – gemeldet seit 1. Oktober
E – Johanne geb. Schröder
F – keine
G – auf Heimatschau, am 30. 10. 73 nach Chemnitz gezogen

A – Riedel, Joseph August
B – Zimmergeselle
C – Niedersteinbach
D – seit 15. Okt. in Nr. 9
  (sein neuerbautes Haus)
E – Johanne, aus Langenleuba
F – Gottlob Hermann 15 Jahre
  Wilhelm Ernst 8 Jahre
G – Heimatschau

(A – Name; B – Beruf; C – letzter Aufenthaltsort; D – Wohnung; E – Ehefrau; F – Kinder; G – Besonderheiten)

Vielen Familien gelang es aber auch, sich eine solide Existenz aufzubauen. Oft waren es Handwerksgesellen, die später selbständige Handwerksmeister wurden. Die Hinzuziehenden kamen aus den unterschiedlichsten Gegenden, meist aus den umliegenden Ortschaften wie Chemnitz, Burkhardtsdorf, Burgstädt, Euba, Grüna usw., aber auch von weiter her wie Dresden, Plauen, Altenburg oder gar Böhmen.

Gaststätte „Zum Wind", davor Leinertsche Schankwirtschaft, um 1840.

Obwohl die sich entwickelnde Industrie für eine ganze Reihe von Arbeitern relativen Wohlstand brachte, gab es doch unter einem großen Teil der Menschen Not, Elend und Armut. Der Proletarisierungsprozeß vieler Handwerker und Handwerksmeister, vor allem in der Textilbranche, nahm ständig zu. Der Übergang des Weberhandwerks zur Fabrikproduktion zwang die Handwerksmeister, wollten sie nicht „Meister ohne Arbeit" sein, als Lohnmeister in die Fabrik zu gehen. Die niedrige Bezahlung, die sogenannten „wohlfeilen Löhne",/ bedeutete ein Leben harter Arbeit und in drückender Armut. Bereits im Jahr 1847 beschreibt Ernst Theodor Jäckel das Elend der Lohnweber in den ländlichen Gegenden um Chemnitz, das für viele von ihnen der Grund für eine Auswanderung in die neu entstehenden Industriegebiete war. Der Verdienst eines Lohnwebers betrug 1847 1 1/2 Thaler. Das unerläßliche Einkommen einer vierköpfigen Arbeiternotstandsfamilie mußte aber, um überhaupt existieren zu können, mindestens „drei Thaler, fünf Neugroschen und neun Pfennige" betragen. Die Mahlzeit einer solchen Familie bestand in der Regel aus Brot oder Kartoffeln und Rübenkaffee. Vier Brote kosteten allein 26 Neugroschen, die Miete 11 Neugroschen 5 Pfennige. Gebraucht wurden aber noch Salz, Butter, Holz, Kohlen, Kartoffeln, Kaffee u. a. mehr. Wie also sollte solch eine Familie existieren können? „Sie hungern, frieren und leiden also". Jäckel stellt uns auch den sechzigjährigen, vorzeitig gealterten Lohnweber vor, dem die Körperkraft fehlt, um besser bezahlte Jaquardarbeit zu leisten. Der deshalb fast Tag und Nacht am Webstuhl sitzt und nicht einmal soviel erschwingen kann, um im Winter sein enges, feuchtes Hinterzimmer für seine kranke Frau zu heizen. Das hier gezeichnete Elendsbild traf auch auf andere große Teile der arbeitenden Menschen zu, denn die fortschreitende Industrialisierung zog auf der anderen Seite auch eine immer größer werdende Verelendung der Arbeiterschaft mit sich. Meist mußte die ganze Familie arbeiten, um den Lebensunterhalt schlecht und recht garantieren zu können. Ein immer größeres Problem stellte deshalb auch die Kinderarbeit dar. Noch 1861 wurden Kinder ab zehn Jahren zur Fabrikarbeit eingesetzt. Sie waren die Arbeitskräfte mit den niedrigsten Löhnen und den geringsten Rechten, die meistens viel zu schwere Arbeit verrichten mußten. Erst ab 1865 durften Kinder unter zwölf nicht mehr in den Fabriken arbeiten - eine Bestimmung, an die sich die wenigsten Unternehmer hielten. Nicht selten arbeiteten Kinder unter vierzehn Jahren bis neun Uhr abends in düsteren und schlecht belüfteten Fabrikhallen. Die gesetzlich erlaubte Zeit war acht Uhr! Noch im Jahre 1891 stellt die Kammgarnspinnerei von Klemm, Burmann und Co. den Antrag, die Nachmittagspause für Kinder ausfallen zu lassen, da die Arbeitszeit ohnehin nur neun Stunden betrage. Dem Antrag wurde zum Glück nicht stattgegeben. Aber nicht nur Kinder waren von langer Arbeitszeit und schlechten Arbeitsbedingungen betroffen. Ein 13- Stunden- Arbeitstag bis neun Uhr abends war auch für Frauen die Regel.

Die Kehrseite der industriellen Entwicklung war eine zunehmende Verelendung großer Teile der unteren Volksschichten. Die Tätigkeit des Kappeler Armenausschusses wurde von Jahr zu Jahr umfangreicher. So kann man einer Aktennotiz vom 12. November 1891 entnehmen, daß im Hinblick auf das bevorstehende Weihnachtsfest die armen Kinder in Kappel mit Kleidung, Schuhwerk und anderem versorgt werden sollten. Die Liste umfaßte 153 Personen. Für viele Familien wurden auch Unterstützungssummen gezahlt. Konnten diese nicht zurückerstattet werden, wurde Aufschub gewährt bzw. die Rückzahlung erlassen. Auch die Ausgabe von Fleisch- und Brotmarken, um wenigstens das Notwendigste für den Lebensunterhalt zu garantieren, war keine Seltenheit.

Weihnachten 1891 wurde der Kappeler Schuldirektor beauftragt, einhundert Kinder zu benennen, die zu Weihnachten beschenkt werden sollten. Der Armenausschuß beauftragte sechs Schuhmacher, Schuhe und Stiefel für die Kinder anzufertigen. Auch die Wohnverhältnisse waren für die meisten Arbeiterfamilien recht beschränkt. Noch um 1860 hausten viele Lohnarbeiter in mit Web- oder Strumpfstühlen vollgestopften kleinen, niedrigen Stuben, oft zehn bis zwölf Personen in einem Raum. Auch der mit der Industrialisierung einsetzende Bauboom änderte diese Verhältnisse nicht grundlegend. 1877 gab es in Kappel 2 602 Einwohner, 555 Haushaltungen und 110 Häuser. Neben den neuen Bürgerhäusern entstanden in den Folgejahren Mietskasernen entlang den Nebenstraßen der großen, von der Industrie geprägten Hauptstraßen. Doch der explosionsartige Bevölkerungszuwachs hatte dennoch für viele nur begrenzten Wohnraum zur Folge. Auch das sogenannte Trockenwohnen der Bürgerhäuser war eine Art, ärmeren Familien über einen Zeitraum von einigen Monaten Wohnraum kostengünstig zur Verfügung zu stellen, eine sehr zweifelhafte Art sozialer Unterstützung.

Zwickauer Straße vor der Kappler Drehe, um 1897 (rechts mit Gießerei).

Lützowstraße mit Bahnbrücke, um 1900.

Der industrielle Aufschwung des Ortes zog natürlich auch grundlegende Veränderungen innerhalb des gesellschaftlichen Lebens nach sich. Gemeindeverwaltung, Schulwesen, Vereinsleben, politische Aktivitäten oder Sozialwesen unterlagen einem völligen Wandel. Die Gemeindeverwaltung wurde bis zu Beginn der achtziger Jahre des 19. Jahrhunderts ehrenamtlich oder nebenberuflich mit einer geringen Besoldung ausgeübt. Die vorhandenen Verwaltungsorgane konnten die anstehenden Probleme nicht mehr unter Kontrolle bekommen und ein größerer Verwaltungsapparat machte sich in Kappel notwendig. Das Berufsbeamtentum hielt in Kappel nun auch seinen Einzug. Am 16. September 1883 wurde das Gemeindehaus an der Zwickauer Straße eingeweiht.

Die Vergrößerung des Ortes ging rasch vonstatten. Auf den Straßen herrschte jetzt reger Verkehr, auch in den abendlichen Stunden. Der Bau einer öffentlichen Gasbeleuchtung und das Anlegen neuer Straßen und Wege waren deshalb unumgänglich; der vorstädtische Charakter des Ortes wurde immer deutlicher, die dörflichen Strukturen verloren sich immer mehr.

In den Jahren 1888/89 errichtete man für 180 000 Mark die Kappeler Wasserleitung, die durch das ständige Industriewachstum längst notwendig geworden war.

In Kappel gab es, wie in den meisten Industrieorten der Umgegend, eine Volksschule und eine Fortbildungsschule. 1882 hatte Kappel drei ständige Lehrer, ein bis zwei Hilfslehrer und neun Klassen mit 420 Kindern an der Volksschule sowie zwei Klassen mit 62 Schülern an der Fortbildungsschule. 1887 gab es an der Volksschule bereits fünf ständige Lehrer, einen Hilfslehrer und zwölf Klassen und an der Fortbildungsschule drei Klassen. 1892 mußte mit dem Bau einer neuen Schule an der Neefestraße begonnen werden.

In den letzten Jahrzehnten des 19. Jahrhunderts gründeten sich in Kappel viele Vereine, in denen sich das gesellschaftliche Leben der Einwohner konzentrierte und deren soziale Herkunft widerspiegelte. Für das Jahr 1882 werden folgende Vereine genannt: Hausbesitzerverein, Krankenunterstützungsverein, Leseverein, zwei Männergesangsvereine, Militärverein, die Sparvereine „Gemüthlichkeit", „Zufriedenheit" und „Immergrün", Spar- und Vorschußverein, Dienstagsverein, zwei Frauenvereine sowie der Armenverein. Zu den Aufgaben des Letztgenannten gehörte es, die Aufnahme von kranken, obdachlosen aber auch arbeitsscheuen und verwahrlosten Personen in die Armenanstalt zu organisieren und die Krankenpflege bei ärmeren Familien zu gewährleisten.

Die sich entwickelnde Industrie blieb nicht ohne Auswirkungen auf die Arbeiterbewegung im Ort. So gelang es den Sozialdemokraten nach der Gründung einer eigenen Sektion 1874 im Gemeinderat Fuß zu fassen. Die hohe Konzentration von Arbeitern im Ort, ständig schlechter werdende soziale Verhältnisse und der relativ große Einfluß der Sozialdemokratie ließen die Kappeler Arbeiterbewegung zu einem nicht zu unterschätzenden politischen Faktor für Chemnitz und seine Umgebung werden.

Obwohl Kappel eine eigenständige Gemeinde war, besaß sie jedoch keine politische Selbständigkeit. Die Kappeler Gemeindeakten enthalten unter an-

Kappler Schule an der Gabelsberger Straße, um 1910.

derem einen Bericht der Verwaltung aus dem Jahre 1884 über einen Antrag der Gemeinde zur Einführung des Gemeindebürgerrechts. Das Bürgerrecht gewährleistete u.a. das Recht, in Gemeindeangelegenheiten abzustimmen, zu wählen, gewählt zu werden sowie am Gemeindevermögen teilhaben zu können. Bei der vorliegenden Sache handelte es sich vor allem um die Wahlberechtigung für die Kappeler Gemeindemitglieder. Die Einführung des Gemeindebürgerrechts war jedoch nicht ohne weiteres durchzuführen. Es bedurfte hierzu langer Verhandlungen mit der Amtshauptmannschaft Chemnitz, der Kreishauptmannschaft Zwickau und der Ständeversammlung in Dresden. Genaue Bestimmungen schrieben vor, daß dieses Recht nur den Gemeinden mit mindestens 4 000 Einwohnern zugestanden werden durfte. Kappel zählte zum damaligen Zeitpunkt jedoch noch nicht einmal 3 500 Einwohner. Da die geltenden Voraussetzungen nicht erfüllt waren, lehnte die Königliche Kreishauptmannschaft Zwickau den Antrag ab. Das Thema kam bis zur Eingemeindung im Jahre 1900 nicht mehr zur Sprache.

Über einen eventuellen Anschluß Kappels an die Stadt Chemnitz gab es innerhalb der Gemeinde über viele Jahre hinweg immer wieder Diskussionen. Obwohl es dem Ort, der trotz einer eigenen Gemeindeverwaltung politisch relativ unselbständig war, gewiß viele Vorteile gebracht hätte, wollte man die „Selbständigkeit" nicht aufgeben. Am 15. August 1890 lehnte Kappel eine Bitte des Altendorfer Gemeinderates ab, sich einem Gesuch zur Eingliederung in den Stadtkreis von Chemnitz anzuschließen. Der Kappeler Gemeinderat sah zu diesem Zeitpunkt keinerlei Veranlassung, einen solchen Schritt zu tun. Doch die Entwicklung ging weiter. Straßenbau, Häuserbau, Beleuchtung, Wasser und Kanalisation, all das hatte ungeheure Summen verschlungen. Am 17. Mai 1899 konnte sich der Gemeinderat endlich zu einem Beschluß über die Vereinigung der Gemeinde Kappel mit Chemnitz durchringen, nicht zuletzt auf Grund des massiven Drucks seitens der Bevölkerung, die sich durch die wirtschaftliche Verschmelzung bereits als „Städter" fühlte. Die städtische Entwicklung übte enormen Einfluß auf die Gemeinde aus, städtische Lebensformen hatten längst Fuß gefaßt. Der rasante wirtschaftliche Aufschwung des Ortes war auch für Chemnitz ein nicht zu unterschätzender Faktor.

Der Eingemeindungsakt fand in der geschmückten Schulturnhalle von Kappel statt. Am 1. Oktober des Jahres 1900 wurde der Vorort feierlich in den Bereich von Chemnitz eingegliedert. So war nach jahrhundertelanger Entwicklung aus einem kleinen Amtsdorf ein Teil einer deutschen Industriegroßstadt geworden. Die gewaltige ökonomische Entwicklung der Gemeinde Kappel hat dazu beigetragen, daß Sachsen zu einem der bedeutendsten Industriezentren Europas wurde.

Mit dem Ortsnamen Kappel verband sich auch nach der Eingemeindung noch der Gedanke an große Industrie und starke ökonomische Macht. Bestehende Betriebsstätten wurden weiter ausgebaut. Die Produktion von Textil- und Werkzeugmaschinen in Kappel trug nicht unwesentlich dazu bei, daß sich Chemnitz in den zwanziger Jahren zu einem führenden Exportzentrum Deutschlands entwickelte. Die Wanderer-Werke, die Sächsische Maschinenfabrik AG, die Gießerei (nach 1945 Rudolf-Harlaß-Gießerei) an der Kappeler Drehe, um nur einige zu nennen, waren maßgeblich an diesem Aufschwung beteiligt. Bis 1935 entstand das Werk der Böhme Fettchemie an der Neefestraße. Hier

Alte Kappler Schule, später Gemeindeamt an der Zwickauer Straße, um 1895.

Luftaufnahme von der Industrievorstadt an der Zwickauer Straße, um 1928.

wurde mit FEWA das erste synthetische Waschmittel der Welt entwickelt. Der Zweite Weltkrieg hinterließ natürlich auch seine Spuren in Kappel. Zerstörte Produktionsanlagen oder fehlende Rohstoffe erschwerten die Entwicklung in den Nachkriegsjahren erheblich. Nach der Beseitigung der Kriegsschäden und nach dem Wiederaufbau der Produktionsanlagen konnte der Industriestandort Kappel bald wieder an alte Traditionen anknüpfen. Die große Pionierzeit der vorangegangenen einhundert Jahre war aber endgültig vorüber.

Um die kritische Wohnungssituation der Stadt zu beheben, errichtete man u. a. auch in Kappel Ende der sechziger Jahre etliche Neubaublöcke. Die ersten Häuser entstanden um den Goetheplatz entlang der Stollberger Straße. Anfang der siebziger Jahre begann die Stadt mit dem Neubau des Fritz-Heckert-Wohngebietes, das sich zwischen Stollberger Straße und Neefestraße bis zum alten Flughafengelände auf Kappeler Flur erstreckte. Heute reicht es bis nach Neukirchen. 1974 wurde an der Irkutsker Straße die bis dahin größte Kaufhalle des Bezirkes Karl-Marx-Stadt gebaut. Im Gegenzug zur Errichtung des Heckert-Gebietes vernachlässigte man allerdings zusehends die bestehende Bausubstanz, und die Gebäude, die stolz vom großen Aufbruch der kleinen Gemeinde Kappel berichtet hatten, verfielen. Wohn- und Fabrikgebäude befanden sich durch mangelnde Instandhaltung bald in einem sehr desolaten Zustand, der das Gesamtbild des Stadtteiles beeinträchtigte.

Luftaufnahme vom Falkeplatz, um 1924.

Luftaufnahme vom Falkeplatz, um 1998.

Die einsetzende Wende infolge der deutschen Wiedervereinigung brachte auch für Kappel entscheidende Veränderungen und viele Probleme. Krasse Einschnitte gab es in der Industrie, viele Produktionstätten wurden stillgelegt, zweckentfremdet oder abgerissen. Neben restaurierten Jugendstilhäusern befinden sich leider viele unsanierte Objekte.

An der Wende zum 21. Jahrhundert verzeichnen wir auch in Kappel einen sichtbaren Neubeginn. Entlang der Neefe- und der Zwickauer Straße siedelte sich neues Gewerbe an. Klein- und mittelständische Unternehmen fanden hier eine neue Existenz. Mit der Errichtung des Solaris-Turmes, der durch seine außergewöhnliche architektonische Gestaltung mit viel Glas hervorsticht, wurde ein neues Geschäftszentrum geschaffen. Der Wohnungsbau an der Platner- und der Richard-Wagner-Straße ließ die Wohnqualität im ehemaligen Chemnitzer Vorort bedeutend ansteigen. Wichtig für die wirtschaftliche Bedeutung Kappels sind auch der Bau des SchmidtBank-Gebäudes an der Irkutsker /Ecke Stollberger Straße oder des Dorint-Hotels, eines wesentlichen Kommunikationszentrums der Chemnitzer Wirtschaft. Das Anfang der neunziger Jahre eröffnete Spielemuseum trägt zur touristischen Attraktivität des Stadtteils bei. Als besonders wichtig für Kappel wird sich auch die Verlagerung des Chemnitzer Industriemuseums von der Annaberger Straße in die Gebäude der ehemaligen Harlaß-Gießerei an der Kappler Drehe erweisen.

3. *AUS DER GESCHICHTE DER KIRCHGEMEINDE ST. NIKOLAI UND IHRER GOTTESHÄUSER*

St. Nikolaus der Namenspatron

Der heute einheitliche Typ des heiligen Nikolaus ist in der Legende aus zwei Personen entstanden. Der eine war im 4. Jahrhundert Bischof von Myra in Lykien, der andere war Abt von Sion und starb im 6. Jahrhundert in Lykien. Schon zu dieser Zeit war die vereinigte Heiligengestalt des Nikolaus so berühmt, daß diese dem Kaiser Konstantin im Traum erschienen sein soll und dieser daraufhin drei in Haft geratene Feldherren befreite, weil er träumend von deren Unschuld erfuhr. Weiterhin wird berichtet, daß Nikolaus drei schlafenden Töchtern armer Eltern nachts heimlich drei Goldklumpen auf ihre Betten geworfen haben soll, um sie damit vor dem Hurendienst zu bewahren. Nikolaus soll auch eine ganze Stadt vor dem Aushungern bewahrt haben, indem er auf wunderbare Weise ein mit Weizen beladenes Schiff in deren Hafen geleitet hat. Weiterhin werden dem Heiligen zahlreiche Rettungstaten an in Seenot geratene Menschen zugeschrieben. Auch soll er drei grausam zerstückelte Knaben wieder zusammengefügt und zu neuem Leben erweckt haben. Die Legende weiß noch vieles über den heiligen Nikolaus zu berichten, um so weniger allerdings die Geschichte.

Der Nikolaus von Myra soll in Patara auf die Welt gekommen sein und war ein Zeitgenosse von Kaiser Konstantin des Großen (323-337). Er war einziger Sohn eines recht begüterten und christgläubigen Elternpaares. Der Vater hieß Epiphanes und die Mutter Johanna. Von beiden wurde er im gehorsamen Glauben erzogen, so daß sich Nikolaus schon in seinen Jugendjahren Gott zum lebenslangen Dienst verschrieb und ein zurückgezogenes asketisches Leben führte. Nach dem Tod seiner Eltern verwendete er deren Hinterlassenschaft großzügig im Dienste der Nächstenliebe. So fand er auch bald bei allen Ständen Anerkennung und Bewunderung, bis ihn letztlich die Kirchenhäupter zum Bischof von Myra wählten. Als solcher erwarb er sich den Ruhm als einer der Treuesten, Wirksamsten und Gesegnetsten, die jemals der Kirche Christi vorgestanden haben.
Unter dem Kaiser Diokletian mußte er aufgrund seines unerschrockenen christlichen Bekenntnisses von 303-305 in den Kerker, aus dem ihn Kaiser Konstantin befreite. Leider ist nicht überliefert, ob Nikolaus im Jahre 325 auf der großen

Relief der Nikolaikirchhofmauer von 1773, danach in der Vorhalle der Kirche St. Nikolai an der Stollberger Straße, heute über dem Haupteingang der Kirche St. Nikolai Michaelstraße. St. Nikolaus mit Mitra und Krummstab, die rechte Hand segnend erhoben, daneben der auferstandene Christus, mit der Unterschrift:
„Weil du vom Tod erstanden bist, werd` ich im Grab nicht bleiben."

Kirchenversammlung in Nicäa zugegen war, denn sein Name fehlt im Verzeichnis der Mitglieder dieses Konzils. Er starb am 6. Dezember. Das Todesjahr ist nicht bekannt. Die Angaben bewegen sich zwischen 345 und 352.

Schon bald nach seinem Tode verehrte man ihn als Heiligen und errichtete vielerorts Gotteshäuser, die auf seinen Namen geweiht wurden. Kaiser Justinian (527-565) ließ in Konstantinopel ihm zu Ehren eine Kirche errichten.

Von Byzanz aus gelangte der Nikolauskult schon vor der offiziellen Christianisierung in die Kiewer Rus. Die orthodoxe Kirche Rußlands erhob Nikolaus über Jahrhunderte hindurch zum Lieblings- und Nationalheiligen, da er vor allem auch als Beschützer des Landes gegen die Tataren und andere Feinde galt. Nach Europa gelangt die Nikolausverehrung über Italien. Hier gilt er als Schutzpatron der Seefahrer, Händler und Kaufleute, der Kinder und Schüler sowie auch der Bäcker.

Seine Gebeine überführte man im Jahre 1087 nach Bari bei Neapel. Auch in deutschen Landen wurden ihm bald zahlreiche Gotteshäuser geweiht. Dabei handelt es sich oft um die ältesten Kirchengründungen und diese zumeist in Küsten- und Handelsstädten, in Ortschaften an Flußläufen, bedeutsamen Handelswegen oder mit wichtigen Marktplätzen.

Sicherlich ist in diesem Zusammenhang auch die Benennung der Chemnitzer Nikolaikirche zu sehen, die wohl den ersten klösterlichen Marktflecken an der Chemnitz Schutz und Schirm bieten sollte.

Leider ist das Jahr der Kirchengründung von St. Nikolai nicht bekannt, man kann nur vermuten, daß diese etwa in der zweiten Hälfte des 12. Jahrhunderts erfolgte.

Der heutige Nikolaus wird zumeist als Bischof in der Pontifikalkleidung mit Krummstab und Buch dargestellt. Weitere Attribute sind die drei Goldklumpen oder Äpfel, drei unbekleidete Knaben in einem Bottich, drei Brote oder ein Anker, dies alles in Bezug auf seine Wundertaten.

Bis zum 15. Jahrhundert festigte sich der schöne Brauch, am 6. Dezember Geschenke zu geben und zu empfangen.

Martin Luther predigte am 6. Dezember 1527:

> „Die Legende des heutigen Festes des heiligen Nikolaus wollen wir lassen anstehen, weil sie viel kindisch Ding und zuzeiten auch Lügen mit einmischet."

Noch im Jahre 1535 notiert Luther die Ausgaben für Geschenke am Nikolaustag.

Seit dem 17. Jahrhundert wird dem Nikolaus noch ein recht grimmiger Geselle zur Seite gestellt, „Knecht Ruprecht", der heutzutage zumeist als Weihnachtsmann in Erscheinung tritt. Erst im 19. Jahrhundert werden vielerorts „Sankt-Nikolai-Märkte" vom „Weihnachts- oder Christmarkt" abgelöst. Luther lehrte zwar, „daß durch Christus alles, durch die Heiligen nichts zu erwarten sei", doch als Vorbild ist uns St. Nikolaus auch weiterhin bewahrenswert, allein schon deshalb, weil er in Not und Bedrängnis geratene Menschen zu helfen wußte, sich für Gerechtigkeit einsetzte und sicherlich auch so manches Wunderbare im Namen Gottes vollbringen konnte.

Kirche und Gemeinde von der Gründung bis zur Reformation

Die erste sichere Nachricht über die Existenz der Nikolaikirche stammt aus dem Jahr 1331, da bekundeten am 2. Juni der Chemnitzer Abt Ulrich vom Bergkloster und sein Schirmvoigt Heinrich von Waldenburg in einem offenen Brief, daß sie das Landthing wieder „ uff sente Niclaus kirchhoff" zurückverlegt haben und daß es dort dreimal im Jahr stattfinden soll („ als is von alder ist gewest"). Diese Zurückverlegung der Gerichtstage zum alten Ort weist darauf hin, daß schon eine geraume Zeit vorher auf dem besagten Platz eine Nikolaikirche bestand. Die Kirche selbst wird erstmals 1408 als „pfarrekirche sente Nicklaws" erwähnt. Auf das hohe Alter dieser Kirche deuten auch Reste eines romanischen Vorgängerbaues hin, auf die Baurat Mothes bei Untersuchungen im Kirchenbereich 1882 stieß. Dabei fand er Bruchstücke romantischer Säulen und das Fundament einer halbkreisförmigen Apsis. Doch letztlich werden sich alle Vermutungen erst bestätigen, wenn man tiefgründig auf dem für die Stadtgeschichtsforschung so wichtigen Nikolaigelände archäologische Untersuchungen durchführt. Glücklicherweise ist dieses Gelände längst zum Grabungsschutzgebiet erklärt worden.

Der Ort Altchemnitz, nachweislich älter als die Stadt selbst, stand im Filialverhältnis zu St. Nikolai, somit mußte die Mutterkirche älter sein. Auch der Ort Neukirchen („Nova ecclesia"), könnte als kirchliche „Neugründung" mit der „Alten" (St. Nikolai) in Zusammenhang gebracht werden. Die Kirche gab dem Ort ihren Namen „Niklasgasse". Diese Ortschaft zog sich unterhalb des Gottesackers beginnend entlang der Landstraße nach Zwickau bis zur Kappler Flur hin. Urkundlich kommt die Niklasgasse erstmals im Jahre 1493 in Erwähnung. Hier gab es 33 Angesessene und im Gegensatz zum volkreicheren und auch höher besteuerten, wohlhabenderen Altchemnitz, nur arme „gertener" (Gartenbesitzer).

Die Nikolaikirche war sicher auch namensbestimmend für das sich westlich anschließende Dorf Kappel. In Verbindung mit St. Nikolai stand eine Kapelle „Zum heiligen Kreuz oder zum Leichnam Christi" („capella sanctae crucis alias corportis Christi"), die im Zinsregister des Klosters von 1200 erwähnt wird, deren Standort in Kappel selbst oder auch bei bzw. an der Kirche nicht nachgewiesen werden konnte. Auf jeden Fall aber könnte diese Kapelle ebenso der Grund für die Ortsbenennung gewesen sein wie die Kirche selbst.

Die Nikolaiparochie umfaßte ein ziemlich ausgedehntes Gebiet. Zu ihr gehörten die Ortschaften Niklasgasse, Kappel, Helbersdorf, Schönau und Höckericht. Altchemnitz war Filial und besaß schon im 14. Jahrhundert ein eigenes Gotteshaus, das von St. Nikolai geistlich betreut wurde. Diese Ortschaften waren allesamt abhängig vom Chemnitzer Benediktinerkloster und der Abt besetzte auch die Pfarrstelle von St. Nikolai. Der Unterhalt der Kirche und des Pfarrers wurden beispielsweise vom Zehnten aus einem Steinbruch an der Stollberger Straße sowie dem Zehnten von 13 Ackern Weinland bestritten. Dazu kamen noch Kerzenzins und einige Erbzinsen. 1408 löste die Stadt den Zehnten aus dem Ackerbesitz durch einen „ewigen Zins" von jährlich 15 Groschen Freiberger Münze ab und erwarb später auch noch den Steinbruch für ihren Häuserbau. Allerdings durfte sich danach auch weiterhin der Nikolaipfarrer für den Eigenbedarf Steine entnehmen.

In alten Urkunden heißt es immer „sente Niklaws kirchen vor Kempnicz", „sente Niklaus ußwendig der Stadt Kempniz". Sie lag ungeschützt vor den Mauern der Stadt (extra muros) und sie war eigentümlicherweise auch keine Vorstadtkirche und somit als solche auch nicht zur Stadt selbst gezählt. St. Nikolai stand eben auf dem Grund und Boden eines Klosterdorfes. Jedoch gab die Kirche auch Chemnitzer Örtlichkeiten ihren Namenszug. Die Vorstadt unterhalb des Niklasberges und in der Aue bürgerte sich unter dem Namen „Nikolaivorstadt" ein, obwohl deren Bewohner nach St. Johannis eingepfarrt waren. Das westliche Stadttor hieß „Nikolaitor", es gab den „Nikolaigraben", die „Nikolaistraße" und auch das Stadtviertel beim Nikolaitor nannte man „Nikolaiviertel".

Im 15. und 16. Jahrhundert kam über Kirche und Gemeinde ein wechselvolles, zumeist trauriges Schicksal. In Kriegszeiten den Feinden schutzlos preisgegeben, boten Kirche samt Kirchhof einen guten Stützpunkt für Angriffe auf die nahe Stadt. Dabei nahm der Feind natürlich keinerlei Rücksicht auf die geistlichen Gebäude wie auch auf die Dorfbewohner. Als die Hussiten 1430 in den Chemnitzer Raum einfielen, hinterließen diese überall nur Brandstätten und Spuren der Verwüstung, dabei versank auch St. Nikolai in Schutt und Asche. Nun sollte es Jahrzehnte dauern, ehe die Gemeinde an den Wiederaufbau ihrer Kirche denken konnte.

Erst 1487 kam man zum Wiederaufbau, zu dessen Grundsteinlegung der spätere Kurfürst Friedrich der Weise (1486-1525), zu diesem Zeitpunkt noch Prinz, zugegen gewesen sein soll. Nach dem teilweise hölzernen Vorgängerbau wurde das Gotteshaus nun in Stein ausgeführt. Doch schon im Jahr 1519 brannte die Kirche mit den Pfarrgebäuden erneut und nach notdürftiger Wiederherstellung abermals um 1532, als sich von der Langen Gasse nach der Aue zu eine gewaltige Feuersbrunst ausbreitete.

Kaum etwas überliefert wurde über das Aussehen der Kirche oder das Leben der Gemeinde in den Jahrzehnten vor der Reformation. Erwähnt wird 1463 ein dem Heiligen Laurentius und Valentinus geweihter Altar, gestiftet von den Geschwistern Petzold und den „Kalandbrüdern". Diese Bruderschaft traf sich jeweils am 1. des Monats (Kalendis) unter priesterlichem Vorsitz. Sie bildeten einen kirchlichen Verein, der die Gemeinschaft auch außerhalb der strengen Ordensregeln anstrebte. Hier pflegte man Chorgesang, kümmerte sich um Alte, Kranke und Sieche, verpflichtete alle Mitglieder zum regen Gebrauch der Sakramente und hatte auch eigene Altäre in der Kirche. Diese Gemeinschaft bestand aus Männern und Frauen, aus geistlichen wie auch weltlichen Personen, beendet wurde das Zusammensein stets mit einem fröhlichen Gastmahl. Die Kalandbruderschaft gelangte durch Stiftungen und Vermächtnisse bald zu großem Reichtum. 1412 hatte man hier 40 Mitglieder und zu ihnen zählten die angesehensten Familien der Stadt. Im Bezug auf die Nikolaikirche finden sich einige Hinweise, denn das „Calendt Hauß", der Versammlungsort habe auf dem Nikolaipfarrgut nahe der Kirche gelegen, wofür der Pfarrer natürlich Zins beanspruchte und ein Pfund Wachs. Der Canonicus Nicolaus Ebersdorf stiftete 1415 die Zinsen seiner an der Bernsbach und vor dem Klostertor gelegenen Grundstücke verschiedenen Altären zur Verwendung für Seelenmessen, darunter war auch die Nikolaikirche bedacht. So findet man auf dem Siegel einer Altarstiftung auch die Figur des heiligen Nikolaus mit der Unterschrift: „S. fratrum Kalendarium sancti Nicolai."

Diese Kalandbruderschaften wurden im 16. Jahrhundert zuerst in den protestantischen, später in den katholischen Ländern aufgelöst. In alter Zeit war der Besitz von Kirche und Pfarre recht umfangreich und erstreckte sich nicht nur auf den Grundbesitz der eigenen Gemeinde.

Alte St. Nikolaikirche mit Pfarrhaus und Bleiche, um 1835.

Auch unterhalb der Kirche, jenseits des Mühlgrabens, dehnte sich der Besitz des Pfarrlehns aus. 1501 gestattete der Abt dem Besitzer der Nikolaimühle, Ulrich Schütz, durch verschiedene dem Kloster gehörige Grundstücke, auch durch die des Pfarrers und Altaristen von St. Nikolai, gegen Erstattung des ihnen daraus entstandenen Schadens einen Mühlgraben zu ziehen.

Zur Pfarrstelle, die der Abt besetzte, zählte noch die des Altaristen, einem Priester also, der am entsprechenden Altar die Messen zu verrichten hatte und die hierfür gestifteten Einkünfte bezog. 1463 wird an St. Nikolai noch ein Kaplan erwähnt.

Das an den Bischof von Meißen zu zahlende Restaurum betrug für den Pfarrer 6 Mk. und für den Kaplan 2 Mk.

Als Pfarrer aus dieser Zeit sind bekannt:

• 1408 Johannes Malczmeister,
• 1458 und 1463 Nikolaus von Donyn (oder Donen),
• 1501 ein Nicolaus Hoffemann
• sowie der letzte katholische Pfarrer von St. Nikolai, Petrus Amberger, der 1527 dieses Amt antrat und es dann 1539 niederlegen mußte

Weiterhin kommt ein Pfarrer namens Jacobus ohne Zeitangabe in Erwähnung, jedoch erscheinen keine Namen von Kaplänen.

Namen folgender Altaristen sind überliefert:

• Oswald von Meckau (1463),
• Michael Lemmel (1501) und
• die Altarleute Jacuf Vettermanz und Peter Richter im Jahre 1458.

St. Nikolai von der Reformation bis zur Großstadtgemeinde

Chemnitz bot unter der Herrschaft Georg des Bärtigen (1500-1539), der streng an der katholischen Lehre festhielt, noch keinen fruchtbaren Boden für die kirchliche Reformation. Hier konnte noch um 1509 Tetzel mit Erfolg seinen Ablaßhandel betreiben. Dies beweisen die zahlreichen Stiftungen und auch Seelenmessen. Selbst nach dem Auftreten Luthers hing man noch fest am alten Glauben. Die Übersetzung des Neuen Testamentes, die Luther 1522 vollendete, verbot Georg in seinem Lande. Als dann allerdings in den benachbarten kurfürstlichen Gemeinden Luthers Lehre eingeführt worden war und man sich hier in der Stadt genügend über das autoritäre und prachtliebende Wesen des Abtes Heinrich und im Gegensatz dazu des lockeren und anstößigen Lebens seines Nachfolgers Hilarius erregt hatte, kam es zunehmend in den Handwerkerkreisen zur gewissen Abneigung gegen die herrschende katholische Kirche. Man hatte auch bald Anlaß zum Aufruhr, als in den Priesterwohnungen in und auch vor der Stadt verbotene auswärtige Biere verkauft wurden. Herzog Georg unterdrückte natürlich diesen „Bierkrawall", der des öfteren vorgekommen sein soll und sah in diesem schon die Auflehnung lutherisch gesinnter Handwerker gegen die Priesterschaft. Doch Luthers Lehre drang unaufhaltsam vor. Opfer und Almosen fielen zusehens geringer aus, der Zehnte ebenso und Seelenmessen sowie andere einträgliche Zeremonien kamen immer mehr in Wegfall. Nach dem Tode Georgs, am 15. April 1539, übernahm dessen jüngerer Bruder, Heinrich der Fromme (1539-1541) die Regierung. Fortan kam es zum gänzlichen Umsturz der religiösen und kirchlichen Verhältnisse im Meißner- und dazu gehörigen Thüringer Land, denn Heinrich war der Reformation Luthers zugetan.

Nun wurden auch in Chemnitz die Reformation eingeführt und die kirchlichen Verhältnisse entsprechend neu geordnet. Am 29. Juli 1539 hielten Luthers Freunde hier die erste Visitation ab, unter ihnen Justus Jonas, Georg Spaladin und Melchior von Creuzen.

Fortan wurden die Ohrenbeichte und die Winkelmessen abgeschafft sowie natürlich die neue Gottesdienstordnung mit Abendmahl in beiderlei Gestalt eingeführt.

Nachdem der letzte katholische Pfarrer an St. Jakobi, Johannes Leyp, zurückgetreten war, kam der bisherige Pfarrer und Superintendent von Leisnig, Wolfgang Fusius als erster lutherischer Geistlicher von Chemnitz ins Amt. 1540 erfolgte die 2. Visitation in Chemnitz, bei dieser nun auch die kirchlichen Verhältnisse in St. Nikolai geordnet wurden. Da es in dieser Zeit an lutherischen Geistlichen mangelte, besaß die Nikolaigemeinde ein Jahr lang keinen eigenen Pfarrer, bis dann der "Capellan" an St. Jakobi, Nikolaus Thiele, 1540 hier für zwei Jahre das Amt des Pfarrers übernahm. Von 1542-1579 amtierte an St. Nikolai der gebürtige Leisniger, Peter Tzschoppe.

Bei den Visitationen hatte man gleichzeitig den Umfang der Gemeinde sowie die Beitragspflichten der Gemeindeglieder neu geregelt. Die Nikolaigemeinde zählte in dieser Zeit ca. 800 Seelen und umfaßte die Orte Niklasgasse (200), Helbersdorf (55), Kappel (40), Höckericht (55), Schönau (50), Altendorf (100) und das Filial Altchemnitz (mit 285 Seelen). Die Nikolaiparochie hatte sich durch die Einpfarrung von Altendorf vergrößert und auf dem Grund und Boden des Rittergutes Höckericht war mittlerweile eine Ortschaft entstanden, die als „Neustadt" ebenfalls zur Gemeinde zählte.

Alle Ortschaften waren nun dem Amt Chemnitz unterstellt. Statt dem Kloster hatte man diesem Leistungen und Dienste zu erbringen, auch die Niklasgasse bildete dabei keine Ausnahme mehr. Nur einmal im Jahr wurde hier noch das Landgericht abgehalten, dies unter dem Vorsitz des Amtsschössers und dem Beisitz von zwölf Ortsrichtern der umliegenden Dörfer.

Doch dieses Gericht war wohl eher ein Gemeindetag, auf dem Satzungen, Rechte und Pflichten der betreffenden Ortschaften und Personen bekräftigt wurden.

Alte St. Nikolaikirche, um 1882.

Seit Einführung der Reformation bis hin zur Mitte des 19. Jahrhunderts besaß die Gemeinde nur eine Pfarrstelle und deren Besetzungsrecht hatte der Landesherr, später das Landeskonsistorium. St. Nikolai und die Filialkirche Altchemnitz hatten schon vor der Reformation jeweils einen Küster, der 1463 auch als Kirchner bezeichnet wird. Diese hatten zum Küsterdienst auch den Gesang zu leiten. Seit 1580 bestimmte die Kirchenordnung Kursachsens auch die Einrichtung von Schulen in allen Dörfern. Somit strebte man an, fortan nur noch Küster einzustellen, die lesen und schreiben konnten, damit sie den Gemeinden auch als „Schulmeister" dienten. In St. Nikolai finden wir um 1613 einen Küster als „Schulmeister" schon betitelt.

Die erst seit 1533 mühsam wieder aufgebaute Nikolaikirche mußte auf Befehl von Herzog Moritz im April des Jahres 1547 bereits wieder niedergerissen werden, um feindlichen Belagerern keinen Schutz oder günstigen Stützpunkt zu bieten. Der Herzog von Sachsen war aus dem Schmalkaldischen Bund ausgetreten und hatte Kursachsen besetzt. Daraufhin schloß der Kurfürst Johann Friedrich der Großmütige (1543-1547) Chemnitz ein und belagerte es mit seinen Truppen. Die Ortschaften, ungeschützt vor den Mauern der Stadt, waren durch Einquartierungen und Plünderungen besonders hart betroffen. Zu diesem Kriegselend brach 1568 noch die Pest aus, der allerorten die meisten Bewohner zum Opfer fielen.

Dann folgten Teuerungen, große Hungersnöte und 1576 abermals Ausbruch der Pest. In diesen für die Gemeinde so schweren Jahren kamen in das Amt des Nikolaipfarrers:

- Andreas Gotthard (1580-1585),
- Paul Zeidler (1585-1595),
- Heinrich Klee (1595-1612),
- Samuel Richter (1612-1633).
- Ihm folgte der Sohn Georg Richter bis 1640.

In welchem Zeitraum der Wiederaufbau der 1547 niedergelegten Nikolaikirche erfolgt ist, wurde nicht überliefert. Doch bekannt ist, daß die Kirche nebst Pfarre, Schule, Mühle, Schenke sowie mehreren Vorwerken der Niklasgasse am 18. August 1632 wieder in Flammen stand. Der kaiserliche General Holk war mit seinen Truppen gegen Chemnitz vorgerückt. Diese hatten schon im Erzgebirge schlimm gehaust. Auch Altchemnitz, Helbersdorf und Kappel waren ihnen zum Opfer gefallen.

1633 trat erneut die Pest auf, der allein in Chemnitz ca. 4000 Einwohner erlagen. Altchemnitz soll danach nur noch drei Bewohner gehabt haben. 1634 wurden die Fundamente für eine neue Kirche gelegt, doch der Weiterbau ging nur schleppend voran, denn beständige Truppendurchmärsche und längere Einquartierungen von kaiserlichen und schwedischen Truppen, bürdeten der verarmten Dorfbevölkerung in deren größtenteils zerstörten Häusern unerträgliche Lasten auf. Im Jahr 1639 besetzen die Schweden Chemnitz und richteten die ohnehin schon geschundene Stadt so zugrunde, daß man diese danach nur noch als „eine Brandstätte" bezeichnete. So ist auch in einem Bericht aus dieser Zeit folgendes zu lesen:

> „Die Dörfer rings um die Stadt waren mit schwedischen Soldaten belegt, welche arg in ihnen hausten, alles ausplünderten, so daß gar mancher Erde kauen mußte".

Weiter wird berichtet:

> „Ist große Hungersnot gewesen, daß die Leute etzliche sich von Grünen Kraute haben Erhalten müssen. Sie haben Kleine (Kleie) gebacken auch wohl Lein Kuchen darunter getan und sich damit gesättigt."

Nach dieser schlimmen Zeit waren natürlich die wirtschaftlichen, sittlichen und religiösen Zustände weithin zerrüttet. In den Jahren 1640 bis 1653 war Johannes Köhler Pfarrer in St. Nikolai, während dessen Amtszeit wurde ab 1644 die Kirche zum großen Teil wieder aufgebaut. Dies geschah allerdings vorerst sehr notdürftig, so daß 1645 immer noch durch das provisorische Dach Regen und Schnee hindurch kamen. Das es mit dem Bau überhaupt weiter ging, hatten dafür extra veranstaltete Kollekten in verschiedenen Kirchenkreisen des Erzgebirges und Vogtlandes möglich gemacht. Als man dann 1652 den Innenraum der Kirche wieder mit Bildern ausschmücken konnte, war inzwischen auch das äußere Erscheinungsbild zur Zufriedenheit von Pfarrer und Gemeinde. Über den Haupteingang hatte man dabei folgende Worte angebracht:

> „Anno MDCXXXIV sacellum hoc Nicolaitanum favillis iterum exstructum, anno MDCLII autem picturis ornatum fuit, Richterus jecit fundamina templi, Coleri totum cura peregit opus."(Im Jahre 1634 ist dieses Nikolaigotteshaus wieder aus der Asche errichtet, 1652 aber mit Bildern geschmückt worden. Den ersten Grundstein zum Gotteshaus legte Richter, Köhlers Fürsorge vollendete das ganze Werk.)

Von 1653 bis 1665 wirkte Pfarrer Johann Tschoppelt an St. Nikolai, ihm folgte dann bis 1703 Johann Zachäus Macht in dieses Amt. Kirche und Gemeinde erholten sich auch in diesen Jahren nur allmählich von den schrecklichen Kriegszeiten. 1665 konnte man für die Kirche ein tragbares Orgelpositiv zur Unterstützung des Gesanges anschaffen, bei dessen Einweihung die Chemnitzer Stadtpfeifer musizierten.
Der Dachreiter für die Kirche konnte dagegen erst 1692 aufgerichtet werden, indem dann am 28. August gleichen Jahres drei neu erworbene Glocken erklangen.

Große Glocke:
    1692 gegossen von Andreas Herold, Dresden
    Gewicht: 4 Zentner

    „Als Johann Georg IV. antrat regierungs thaten,
    wurd ich hier angeschafft u. hülfen zu mir rathen

    M. Johann Wilhelm Hilliger, Superint.
    Salomon Siegel, Ambtmann
    Einen jeden, der mich hoert und mit Gebeth stimmt
    J. L. Churf. S. G. K. z. M.
    (Johann Lämmel kurfürstl. Sächs. General-Kriegszahl-Meister)
    Joh. Zachäus Macht Pfarr. 16. A. H. 92"

Mittlere Glocke:
    1690 gegossen von Andreas Herold, Dresden.
    Gewicht unbekannt

    „Anno 1690 goß mich Andreas Herold in Dresden"

Kleine Glocke:
    1692 gegossen von Andreas Herold, Dresden
    Gewicht: 2 Zentner

    „Andreas Herold in Dresden goß mich 1692.
    Johann Lämmel C. S. Generalkriegszahlmeister"

Neben etlichen Stiftungen, die der Verschönerung des Gotteshauses dienten, konnten vom Vermächtnis des Obristen Bernhard von Tuppau, der 1686 in Morea verstorben und Erbherr von Schönau war, noch vergoldete Abendmahlsgefäße, zwei silberne Altarleuchter, Altar und Kanzelbekleidung aus Samt, ein silberner Klingelbeutel und ein Meßgewand für den Geistlichen angeschafft werden.

Einen Eindruck vom Inneren der Nikolaikirche im 18. Jahrhundert bekommt man anhand einiger Überlieferungen aus jener Zeit.
Hatte man durch den Haupteingang das Gotteshaus betreten, befand sich gegenüber rechts die hölzerne Kanzel, die mit Bildern bemalt war. An derselben war Moses dargestellt. Vorn sah man den Heiland mit der Erdkugel und an der Kanzeltreppe die vier Evangelisten mit ihren Symbolen. Neben der Kanzeltreppe befand sich das Epitaph des Obristen von Schönberg auf Schönau, Reichenbrand und Grüna von 1727. Der Obrist war im Harnisch und mit doppelten Kriegsinsignien dargestellt, an der zwei Trauerfahnen angebracht waren. Die eine zeigte den verschlungenen Namenszug des Obristen, die andere Fahne die Inschrift seines Todes. Der Kanzel gegenüber an der südlichen Wand lag

das „Taubische Chor", der Kirchenstuhl der Gutsherrschaft von Taube auf Neukirchen und Neustadt.

Zwischen diesem und der Kanzel, über der Tür zum Pfarrhof, war ein Bild von 1617 angebracht, das die Kreuzabnahme Christi darstellte. Der Altar, ebenfalls aus Holz, war unten bemalt mit der Einsetzung des Heiligen Abendmahles, in der Mitte mit der Geburt Jesu und in seinem oberen Teil mit dem Bild Christus im Garten Gethsemane. Über dem Altar befand sich der Schulmeister- oder auch Singechor, auf dem die Orgel von 1695 ihren Platz hatte, die vom Orgelbauer Tobias Dressel aus Buchholz stammte. Der sogenannte Taufstein war auch aus Holz und hatte einen geschnitzten Deckel mit dem Bild Johannes des Täufers. An der Chorempore war noch eine zusammengerollte französische Fahne zu sehen, zum Andenken an den wohltätigen Oberst von Tuppau, der diese erobert hatte. Daneben waren auch noch seine Sporen und sein Degen angebracht. Vom Singechor rechts an der Nordwand befand sich der Kirchensitz der Schönauer Gutsherrschaft. Von der Haupttür ab entlang der Nordwand zog sich eine Empore hin, an der Namen der Richter aus der Zeit des Kirchenbaues zu lesen waren. Schräg gegenüber an der westlichen Kirchenwand befand sich nur eine kleinere Empore, die mit folgender Inschrift versehen war:

> „Soli Deo Gloria! Johann Eckstein, Buchbinder
> allhier 1668"

rechts davon:
> „Matth. 25,21. Laurentius Keil, Jetzo der Kirche und Schule, vorhin der Filiale Altchemnitz, vierzigjähriger Diener Anno 1668."

links:
> „Psalm 89,1. Christian Keil, an jetzo der Kirche und Schule Substitutus allhier 1668."

An der Wand, rechts von der Sakristei aus, stand das Epitaph des Rittmeisters Caspar Wittig von Dachroth (gestorben 1673 auf Schloß Chemnitz). In der ersten Hälfte des 18. Jahrhunderts waren folgende Pfarrer an St. Nikolai tätig:

• Georg Matthesius (1703-1720)
• Christian Friedrich Krause (1721-1740) und
• Gottlob Friedrich Hesse (1741-1748).

Nachdem die Gemeinde sich einige Jahrzehnte an ihrem Gotteshaus erfreute, machten sich bald wieder Verfallserscheinungen an diesem sichtbar. Hatte man in den Jahren 1671 und 1699 an der Kirche bereits Ausbesserungsarbeiten durchgeführt, schrieb Pfarrer Matthesius um 1718, daß sich die Kirche „in ihrem baulichen Wesen kaum halten könne". Bis zur gründlichen Erneuerung dauerte es noch bis 1749/50. Dann war mittlerweile das Gotteshaus so baufällig geworden, daß ein Teil des Turmes einzustürzen drohte. Um die Baulichkeiten auch finanzieren zu können, mußte die Nikolaigemeinde um eine Kollekte in den umliegenden Ephorien bitten, die letztendlich auch gewährt wurde. Während der Bauarbeiten legte man in den Turmknopf eine Urkunde mit folgendem Inhalt:

> „Gegen Abend um 12 Schuh verlängert, mit zwo neuen Bethstübchen auf der mittäglichen Seite vergrößert und mit einem neuen ganz prächtigen Turm geziert".

Gleichzeitig gestaltete man das Innere der Kirche um, indem die Kanzel über dem Altar angebracht und die Emporen an der Ost- und Westseite durchgängig angelegt wurden. Damit konnten die Sitzplätze von 300 auf 500 erhöht werden. Man hatte auch mit dem Orgelbaumeister Silbermann wegen Beschaffung einer neuen Orgel verhandelt. Daraus ist leider nichts geworden. Am 3. Advent 1750 konnte die Gemeinde ihr erneuertes Gotteshaus im festlichen Rahmen wieder in Anspruch nehmen.

Die Lage der Ortschaft Niklasgasse unmittelbar vor Chemnitz hatte für diese das alte Bannrecht der Stadt zum Nachteil, wonach sich keine Handwerker in den Dörfern im Umkreis einer Meile niederlassen durften. Laut Festlegung des Grimmaischen Vertrages von 1555 war es der Niklasgasse erlaubt, nur einen Händler mit hölzernen Gefäßen und einen Drechsler aufzunehmen. Alle Versuche, hier auch Tuch- und Leineweber anzusiedeln, die ihr Handwerk als Chemnitzer Innungsgenossen betreiben können, schlugen fehl. Das neuaufkommende Handwerk der Strumpfwirker dagegen wurde in der Niklasgasse um 1748 vom Kurfürsten gestattet.

1756 begann der Siebenjährige Krieg, den Friedrich II. im Bund mit England, Hessen und Braunschweig gegen Österreich, Frankreich, Rußland, Schweden, Sachsen und die meisten der deutschen Reichsstände führte. Auch wenn dieser Krieg an Grausamkeiten dem Dreißigjährigen Krieg nicht gleichkam, so brachte dieser für Sachsen und somit für Chemnitz viele Drangsale. Die Preußen rekrutierten auch in Sachsen gewaltsam die jungen Männer, wenn diese tauglich erschienen. Dies geschah ohne Rücksicht darauf, ob die Betroffenen verheiratet waren oder nicht. In diesem Zusammenhang wird uns berichtet, daß am 27. Januar 1757 ein junger Bürger, als er von der Trauung aus der Kirche kam, von der Seite seiner Braut entrissen und als Soldat eingestellt worden sein soll.

Die unmittelbare Nachbarschaft vom selbständigen Amtsdorf Niklasgasse und der städtischen Nikolaivorstadt brachten Kompetenzen und Besitzstände betreffend fortwährend Streitigkeiten mit sich, die zumeist gerichtlich geklärt werden mußten. Unabhängig davon bürgerte sich allmählich die Bezeichnung „Amtsvorstadt Niklasgasse" ein. Weitere kurfürstliche Mandate von 1766 behandelten die Niklasgasse bereits als eine Chemnitzer Vorstadt. Auch auf kirchlichem Gebiet gab es des öfteren Auseinandersetzungen mit der Stadt, die zwar den Nikolaipfarrer inoffiziell als einen ihrer Geistlichen betrachtete, aber die Nikolaipfarrstelle nicht besetzte. Somit hatte also der Pfarrer von St. Nikolai im Stadtgebiet nicht die gleichen Rechte und Pflichten wie seine Amtsbrüder von

St. Jakobi und St. Johannis. Nur bei feierlichen Leichenbegängnissen in der Stadt durfte er Begleitperson sein , während die Ausrichtung der Feierlichkeiten selbst nur in den Händen der Stadtgeistlichen lag. Weil es in Anerkennungsfragen stets zu erneuten Konflikten mit dem Stadtrat kam, hatte das Oberkonsistorium in einem Reskript vom 11. September 1739 bereits deshalb entschieden:

> „Das Pastorat zu St. Nicolai sei dem Stadtministerio incorporiert zu halten und der dasige Pastor dem zu St. Johannis in allen Stücken äquipariert, solle diesem auch im Range immediate folgen, mithin solchen über dem Stadtrichter haben."

Diesen Anordnungen kam man städtischerseits nicht immer im richtigen Maße nach und somit hielt der Konflikt noch Jahrzehnte an.Von den Bewohnern der Chemnitzer Nikolaivorstadt dagegen wurde die Nikolaikirche im Laufe der Zeit zunehmend in Anspruch genommen, weil für diese die vorhandenen Plätze in der Johanniskirche beiweiten nicht mehr ausreichten und man es ohnehin hinauf nach St. Nikolai näher hatte. Zu einer erneuten Renovierung der Kirche kam es im Jahre 1789, dabei machten sich abermals Reparaturen an Turm und Dach erforderlich, außerdem konnte man für die anwachsende Gemeinde weitere 5o Sitzplätze im bald nicht mehr ausreichenden Gotteshaus schaffen. Die alte Nikolaikirche hatte nun innen wie außen das Erscheinungsbild erreicht, das bis zu ihrem Abriß unverändert blieb.

Die alte Orgel versagte 1836 und konnte ein Jahr darauf nur recht notdürftig in Funktion gebracht werden. Aus diesem Grund hatte man 1857 beim Orgelbaumeister Göthel in Borstendorf eine neue Orgel mit 9 Stimmen in Auftrag gegeben, die 1859 bei ihrer Aufstellung in der Kirche von Fachleuten für sehr gut befunden wurde. Diese Orgel wurde beim Abbruch der Kirche 1884 nach Kleinrückerswalde verkauft.

St. Nikolai, vor den Mauern der Industriestadt Chemnitz, um 1860.

Bis zur Verlegung der Superintendentur von St. Jakobi nach St. Nikolai waren seit 1749 hier folgende Pfarrer im Amt:

- Samuel August Junghanß (1749-1758)
- Johann Gotthelf Gräfe (1759-1786)
- Johann Gotthelf Gräfe, Sohn (1786-1821)
- August Friedrich Holst (1822-1830)
- Karl August Pietzsch (1831-1846)

Mittlerweile hatte sich in Sachsen eine ganz neue Staatsorganisation entwickelt, die eine Reihe zweckmäßiger Einrichtungen und Gesetze zur Folge hatte. Dabei wurde u. a. eine allgemeine Städteordnung eingesetzt und ebenso 1834 ein evangelisch-lutherisches Landeskonsistorium. Mit der Einführung der neuen Landesgemeindeordnung kam auch die Eingliederung der Niklasgasse in die Stadt Chemnitz ins Gespräch. Zunächst sträubte man sich wie immer gegen die Einverleibung, denn die ca. 1200 Einwohner zählende Gemeinde hatte ihre kommunalen Anlagen in bester Ordnung, ebenso das Armen- und auch das Spritzenhaus. Die Schule war neu erbaut worden und das Kirchenvermögen betrug über 12000 Thaler. Doch trotz aller Einwände erfolgte am 1. Juli 1844 die Eingemeindung. Allerdings blieb nach wie vor der Staat Erb-, Lehn- und Gerichtsherr der Niklasgasse. Auf Wunsch konnten die Kinder nun auch in die allgemeine Bürgerschule der Stadt aufgenommen und umgekehrt, konnten Kinder aus der Stadt auch die Nikolaischule besuchen. Das Patronatsrecht und die Inspektion über Kirche und Schule blieben unverändert, in der Gerichtsbarkeit verblieb man beim Justizamt Chemnitz. Mit der Eingemeindung gab es für die kirchlichen Verhältnisse zunächst keine größeren Veränderungen, nur eben daß St. Nikolai nun eine Städtische Kirchgemeinde geworden war.

Die Teilung der Parochie und der Neubau der Nikolaikirche

Im Jahre 1847 verlegte man die Superintendentur von St. Jakobi nach St. Nikolai. Grund dafür war wohl, daß das Nikolaipfarramt unter landesherrlichen Besetzungsrecht stand und in Verbindung mit dieser Stelle von der Kirchenbehörde nur geeignet erscheinende Persönlichkeiten gewählt wurden. Über diese Maßnahme war man in der Nikolaigemeinde nicht erfreut. Man befürchtete hier mit Recht, der Pfarrer werde sich infolge der Belastungen durch Geschäfte der Superintendentur nur noch teilweise der eigentlichen Gemeindearbeit widmen können.
Das Ministerium konnte sich letztlich durchsetzen. Aber weil sich die Gemeinde bei jeder Gelegenheit negativ zu dieser Neuerung äußerte und auch weiterhin dagegen protestierte, wurde 1899 die Superintendentur von St. Nikolai nach St. Pauli verlegt. In St. Nikolai hatten folgende drei Pfarramtsleiter die Stelle des Superintendenten inne:

- Franz Schlegel (1847-1859)
- Robert Kohl (1859-1880) und
- Julius Oskar Michael (1880-1899).

Schon am 1. Februar 1895 war es zur Teilung der Superintendentur, in eine Stadtephorie (Chemnitz I) und eine Landephorie (Chemnitz II), gekommen.

Am 21. Mai 1815 konnte die Nikolaigemeinde ihren neuen Friedhof, auf Altendorfer Flur gelegenem Pfarrlehn, eröffnen. Der alte Friedhof an der Kirche war längst zu klein geworden und mußte geschlossen werden. 1819 erhielt der neue Gottesacker eine Umzäunung und erst 1834 eine Leichenhalle. Im Zuge der kirchlichen Neugestaltung durch den Superintendenten Michael kam es 1890 zur Erweiterung des Friedhofes und 1891 bis 1892 zur Errichtung einer großen kirchenähnlichen Kapelle. Superintendent Michael erkannte auch die dringende Notwendigkeit, daß die Gemeinde ein neues und größeres Gotteshaus brauchte. Das alte reichte längst nicht mehr und außerdem war es an allen Ecken und Enden baufällig. Dennoch für die Gemeinde völlig unerwartet, mußte die Kirche am 20. Januar 1882, nach eingehenden Untersuchungen, baupolizeilich geschlossen werden. Dies geschah zum Verdruß der Gemeinde ohne einen Abschiedsgottesdienst im altehrwürdigen Gotteshaus. Nicht einmal ein letztes Geläut wurde erlaubt. Gastweise durfte fortan die Nikolaigemeinde die nahegelegene Paulikirche mit nutzen. Reichlich zwei Jahre hatte man noch das alte Gotteshaus vor Augen, bis dieses vom 24. November 1884 bis hin zum Jahresende abgerissen und spurlos beseitigt wurde.

Blick vom Turm der Nikolaikirche, um 1930.

Der Standort für die neue Kirche wurde nun Streitpunkt innerhalb des weithin ausgedehnten Gemeindegebietes, denn der Standort der alten Kirche hatte sich im Laufe der Jahrhunderte als ungünstig erwiesen, weil sich dieser am äußersten Ende der Parochie befand. Hinzu kam die schwierige Abgrenzung gegenüber der benachbarten Pauligemeinde. Die Vertreter der zu St. Nikolai gehörigen Dorfgemeinden beharrten nun energisch auf ihrem berechtigten Wunsch, daß die neue Kirche jeweils in der Mitte ihres Ortes gebaut werde. Die Vertreter der Nikolaivorstadt und die Helbersdorfer kämpften um den historischen Kirchplatz. Auch der aufstrebenden Großstadt war letztlich daran gelegen, daß sie in ihrem Zentrum auf kein stadtbildprägendes Kirchenbauwerk verzichtete. Wie schwierig diese Auseinandersetzungen und Verhandlungen gewesen sein mußten, beweisen allein 117 Hauptsitzungen in dieser Angelegenheit. Weil es auch danach zu keiner Einigung kam, entschied die oberste Kirchenbehörde, daß die neue Kirche auf dem alten historischen Boden errichtet werden solle.

Daraufhin drängten verständlicherweise die betroffenen Ortschaften noch schneller auf die Loslösung von der Muttergemeinde. So wurden daraufhin am 1. Januar 1884 Altendorf und Schönau/Neustadt selbständige Kirchgemeinden. Altchemnitz trennte sich im gleichen Jahr, am 30. November, von St. Nikolai.

Kappel, das sich zunächst Schönau/Neustadt anschließen wollte, mußte aufgrund eines Entscheides des Landeskonsistoriums bei St. Nikolai verbleiben. Ehe man mit dem Bau der neuen Kirche beginnen konnte, machten sich erst einmal umfangreiche Geländeveränderungen notwendig, besonders im Bereich der Stollberger Straße, die bei dieser Gelegenheit verbreitert wurde. Das Kirchengelände mußte ringsherum mit großen Stützmauern versehen werden. Dabei entstand gleichzeitig ein Rampenbau mit zweiseitiger Auffahrt und Treppenanlage an der Stollberger Straße. Notwendig wurden außerdem eine Befestigung für des Kirchenfundament sowie eine starke Mauer zum Nikolaigraben hin.

Endlich dann am 28. April 1886 konnte der langersehnte Tag der Grundsteinlegung erfolgen. Von den zahlreichen Entwürfen, die für das Kirchenbauprojekt eingegangen waren, hatte sich der Kirchenvorstand einhellig für den überzeugenden Entwurf des Dresdner Architekten Christian Gottfried Schramm entschieden. Schramm bevorzugte den frühgotischen Stil und seine Sakralbauten sind zumeist dreischiffige Hallenkirchen mit Betonung von Hauptschiff und Mittelachse. Bei der Innengestaltung folgte er der Leitlinie, die 1861 in Eisenach zur „Konferenz der Vertreter der deutschen evangelischen Kirchen" verabschiedet wurde. Man brachte zum Ausdruck, in welchen Grenzen sich Gemeinden und Baumeister bei neuen Kirchenbauten bewegen konnten. Mit der neuen St. Nikolaikirche in Chemnitz war es Schramm ganz besonders gelungen, dies bei deren äußeren wie auch inneren Gestaltung meisterhaft zum Ausdruck zu bringen. So ist es auch nicht verwunderlich, daß nach der Fertigstellung der Nikolaikirche, diese zu seinem Referenzobjekt gereichte. Mitte 1887 ragte bereits der schlanke 71 Meter hohe

Nikolaibrücke (Falkeplatz) mit Blick zur Kirche, um 1900.

Falkeplatz mit Blick zur Kirche, um 1930.

Neue St. Nikolaikirche, Turmfront, um 1900.

Neue St. Nikolaikirche, Südseite mit Pfarrhaus, um 1900.

51

Kirchturm in die Höhe und am 12. September darauf konnte die Glocken-
weihe vollzogen werden. Dabei handelte es sich um drei wohlklingende Bronzeglocken, die die Firma Bierling in Dresden gegossen hatte und die in der
Tonfolge Es-G-B gestimmt waren. Das Geläut hatte ein Gesamtgewicht von
2469 kg.

Glockeninschriften und -symbole:

- Große Es-Glocke:
  „Ehre sei Gott in der Höhe" mit dem Auge Gottes
- Mittlere G-Glocke:
  „Friede auf Erden" mit Kreuz
- Kleine B-Glocke:
- „Den Menschen ein Wohlgefallen" mit Taube

Der Kirchbau schritt weiter voran. Ausführendes Baugeschäft war die Firma
Wilhelm Richter in Chemnitz. Ursprünglich sollte das neue Gotteshaus schon
am alten Kirchweihtag, dem 12. September, fertig sein. Der nächste angedachte
Weihetag wäre der 6. Dezember, der Nikolaustag, gewesen. Doch auch an diesem war es noch nicht soweit, dann aber endlich am 7. März 1888. Nach einem
kurzen Abschiedsgottesdienst in der Paulikirche zog an diesem Tag eine er-
wartungsvoll gestimmte Festgemeinde durch die Straßen bis hin zum neuen
Gotteshaus. An diesem bedeutenden Tag für die Gemeinde und die Stadt selber läuteten alle Glocken der Stadtkirchen und natürlich auch die von St. Nikolai. Es muß ein eindrucksvolles Bild gewesen sein, als nun die große Men-
schenmenge die Aufgänge und Treppen hinauf in das Gotteshaus strömte. Das
im neugotischen Stil und aus roten Klinkersteinen errichtete Kirchengebäude
verfügte über 750 Sitzplätze. An diesem festlichen Kirchweihtag mußten im
Inneren weit über tausend Gottesdienstbesucher Platz finden. Das Kircheninnere
bestand aus einem breiten gewölbten Mittelschiff sowie zwei Seitenschiffen
mit Emporen. Die weiten Emporenbögen zwischen den mächtigen Gewöl-
bepfeilern wurden durch schlanke Porphyrsäulen mit Sandsteinkapitellen gestützt. Der Altarraum war erhöht und mit einem schönen Kreuzrippengewöl-
be versehen. Der Altar war aus Sandstein und ruhte auf kleinen schwarzen Ser-
pentinsäulen mit Sandsteinkapitellen gestützt. Ein in Holz geschnitztes Altarbild
stellte die Einsetzung des Heiligen Abendmahles dar. Über diesem Bildwerk
erhob sich ein großes Holzkreuz mit dem Christuscorpus, gegossen aus dem
Glockenmaterial der alten Kirche. Das Kreuz wurde flankiert von den holzge-
schnitzten Figuren der Mutter Maria (links) und dem Jünger Johannes (rechts).
Im Altarraum links befand sich der Taufstein mit einem in Kupfer getriebenen
Deckel, einen Brunnen darstellend, aus dessen vier Röhren Wasser fließt, symbolisch die vier Paradiesflüsse (Pison, Gihon, Tigris, Euphrat) andeutend. Die
erhöhte Kanzel rechts vom Altar war mit dem Bildnis Christi und den vier
Evangelisten geschmückt. Der Kanzelfuß war wie Altar und Taufe aus Sandstein, während der Kanzelkorb selbst aus Holz war. Durch je sechs Fenster zu

St. Nikolaikirche, Altarraum, um 1890.

beiden Seiten kam genügend Licht ins Kirchschiff. Der Altarraum besaß fünf große farbig gestaltete Fenster von Prof. Urban, Dresden. Das Mittelfenster zeigte Christus als Weltenherrscher, umgeben von den Evangelistensymbolen und darunter den acht Engeln der Offenbarung. Das linke Fenster stellte die Weihnachtsgeschichte dar, das rechte das Ostergeschehen. Die Orgel hatte die Fa. Gebrüder Jehmlich, Dresden geliefert und mit 28 Registern ausgestattet. Die Weiherede in der überfüllten Kirche hielt seinerzeit der Superintendent Julius Oskar Michael über Jesaja 40,5: „... denn die Herrlichkeit des Herrn soll offenbart werden, und alles Fleisch miteinander wird es sehen; denn des Herrn Mund hat es geredet".

Die Kosten für den Kirchbau betrugen 212.000 Mark, dazu der Rampenbau mit 26.500 Mark und die Planierungsarbeiten mit 7.000 Mark.

Gleichlaufend mit dem Kirchbau wurden auch das Pfarrhaus und die alte Kirchschule umgestaltet.

Über dem Hauptportal der Kirche und beiderseitig daneben wurden 1892 am Turm nachträglich die überlebensgroßen Statuen des segnenden Christus und der vier Evangelisten angebracht, die von den Dresdner Bildhauern Hölbe und Eppler geschaffen wurden und aus Mitteln des Landeskulturfonds des Königlich-Sächsischen Ministeriums des Innern der Nikolaigemeinde gestiftet werden konnten.

Die Freude über ihr schönes Gotteshaus wurde mit Beginn des Ersten Weltkrieges der Nikolaigemeinde wie den meisten Kirchgemeinden bald genommen. Zu vielen beklagenswerten Kriegsgefallenen kamen noch die materiellen Opfer hinzu. So mußten am 7. Juni 1917 die Orgelprospektpfeifen ausgebaut und

abgeliefert werden. Dann einen Monat später, am 21. Juli, mußte sich die Gemeinde nach einem Abschiedsgedenken von den beiden größeren Glocken trennen, die schon im Turm zerschlagen wurden.

Wie zumeist allerorts, kamen nach diesem Krieg nur noch Glocken aus Gußstahl in die Kirchtürme, so auch bei St. Nikolai. Das neue Geläut, daß man in Bochum bestellt hatte, konnte am 9. Juli 1922 geweiht werden. Diesmal waren die drei Glocken in der Tonfolge D-F-As gestimmt.

Glockeninschriften (1922):

- Große D-Glocke:
  „O Land, Land, Land, höre des Herrn Wort" (Jer. 22,29)
- Mittlere F-Glocke:
  „Friede sei mit dir, und sei getrost, sei getrost" (Daniel 10,19)
- Kleine As-Glocke:
  „Wer überwindet, der wird alles ererben" (Off. 21,7)

Gesamtgewicht einschl. Armaturen: 4.160 Kg
Seit 1927 besaß die Kirche eine elektrische Läuteanlage.

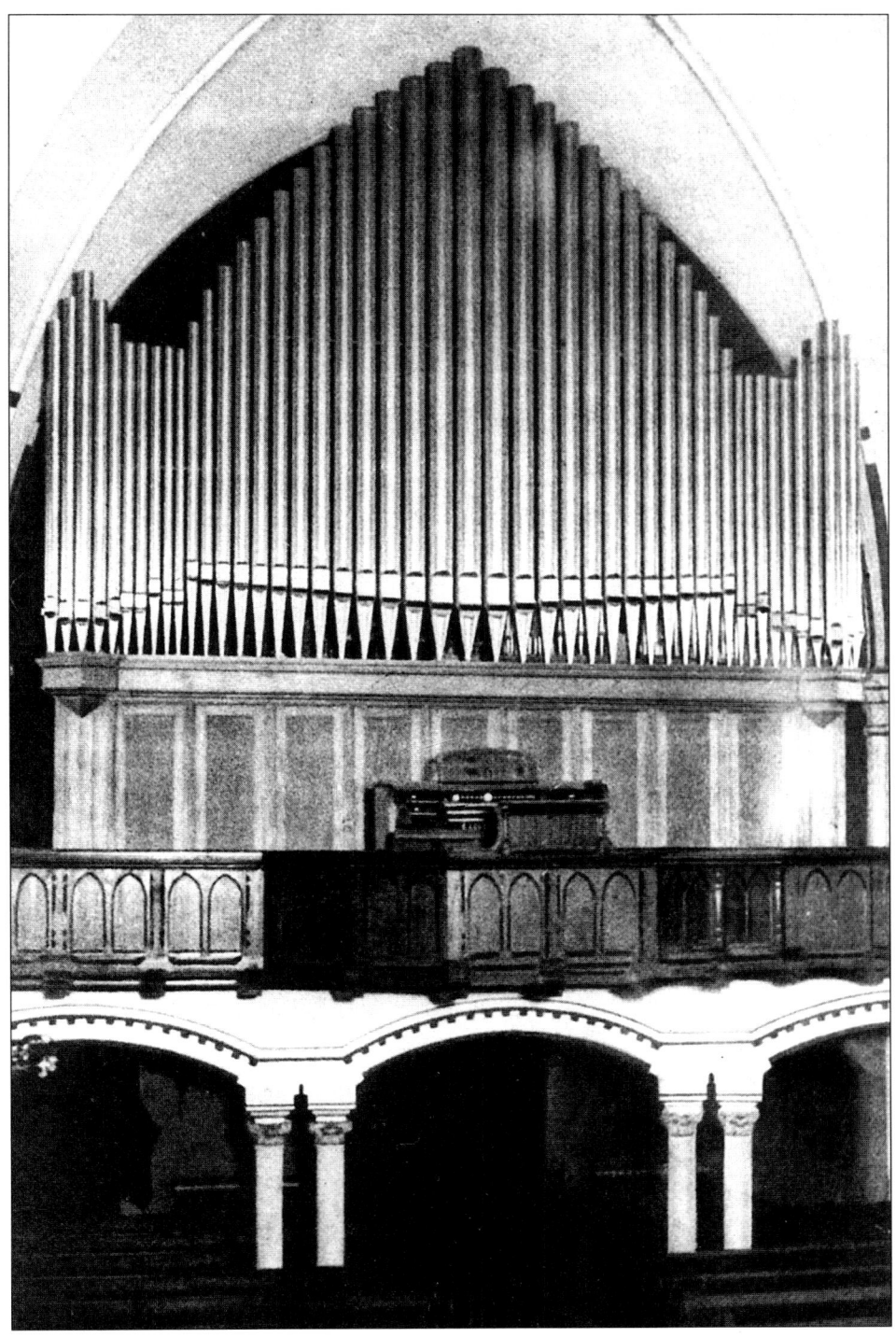

Neue Orgel von 1935.

Von September 1934 bis Ende Januar 1935 kam es zu einer umfangreichen Erneuerung des Kircheninneren, wobei sich gestalterisch mit seinen Plänen der bedeutende Chemnitzer Architekt und Gemeindeglied von St. Nikolai, Erich Barsarke, einbrachte.

Das Gotteshaus erstrahlte danach in helleren und noch freundlicheren Farben. Das Gewölbe des Altarraumes war als nachtblauer Himmel mit golden funkelnden Sternen gestaltet. Die Wände waren mit den Attributen der vier Evangelisten geschmückt und den Altar selbst hatte man durch Vergoldungen und neuer Farbigkeit mehr ins Blickfeld gerückt. Das mittlere Altarfenster hatte man zugesetzt, um das Altarkreuz selber besser zur Wirkung zu bringen.

Auch neue Beleuchtungskörper sorgten fortan für die notwendige Ausleuchtung des Kirchenschiffes. Die Orgel, inzwischen technisch veraltet und viele Mängel aufweisend, wurde ausgebaut und durch eine größere und modernere ersetzt. Diesmal handelte es sich um ein Werk des Orgelbaumeisters Schmeißer in Rochlitz. Die neue Orgel, seinerzeit als modernste Mitteldeutschlands gelobt, war mit einem großen freistehenden Prospekt versehen und mit 54 klingenden Stimmen, drei Manualen und einer fünffachen Setzerkombination ausgestattet.

Am 10. Februar 1935 wurde die Neuweihe der Nikolaikirche nach der wohlgelungenen Umgestaltung festlich begangen. Oberlandeskirchenrat Müller vollzog die Weihe mit einer Ansprache über Lukas 2,14:

> „Ehre sei Gott in der Höhe und Friede auf Erden ...“

und Pfarrer Bewilogua hielt seine Festpredigt über den Psalm 92,2/5:

> „Das ist ein köstlich Ding, dem Herrn danken, und lobsingen deinem Namen, du Höchster. -Denn, Herr, du lässest mich fröhlich singen von deinen Werken, und ich rühme die Taten deiner Hände.“

Bevor die Folgen des 2. Weltkrieges die Nikolaigemeinde so schwer und vernichtend treffen sollten, konnte diese am 7. März 1938 noch ein letztes Kirchenjubiläum feiern. 50 Jahre bestand ihr neues schönes Gotteshaus. Fast auf den Tag sieben Jahre danach, bot sich auch auf dem Niklasberg das grausame Bild der Zerstörung.

Seit Bestehen der Neuen St. Nikolaikirche hatten folgende Geistliche die 1. Pfarrstelle inne:

• Julius Oskar Michael (bis 1899),
• sein Sohn, Gotthelf Michael (1899-1922),
• Johannes Weise (1922),
• Karl Schleinitz (1923-1925),
• Ludwig Bewilogua (1925-1935),
• Gerhard Seifert (1935-1945)

sowie u. a. als 2. Pfarrer:

- Friedrich Ostermuth (1925-1934),
- dem 1936 Gerhard Schmalz folgte.

Die neue Kirche entwickelte sich bald zu einer Pflegestätte der Kirchenmusik. Fast jeden Sonntag zum Gottesdienst kam der Kirchenchor zum Einsatz. Anläßlich der großen Kirchenfeste erfolgten Aufführungen von Motetten, Kantaten und Oratorien. Seit 1925 wurden regelmäßig Abendmusiken oder Konzerte mit Chor und Solisten veranstaltet, so daß es anläßlich der 50-Jahrfeier mit Haydns Oratorium „Die Schöpfung", gleichzeitig auch zum 50. Konzert, innerhalb von 13 Jahren, kam. Dazu wurden noch vom Organisten Alfred Meyer seit 1932 Orgelvespern dargeboten.
Als Kantoren wirkten an St. Nikolai:

- Oswald Treuth (1875-1899),
- KMD Emil Winkler (1899-1917),
- Ewald Siegert (1917-1925) und
- Gottfried Lötze (1925 bis zur Vernichtung des Gotteshauses).

Der Konfirmationsschein von 1933 zeigt den Altar der Kirche.

Pfarrhaus mit Pfarrgarten, um 1935.

Am 5. März 1945 brannten auch die St. Nikolaikirche, das Pfarrhaus und das Kantoratsgebäude danieder. Bei einem Bombentreffer mußte die Pfarrersfamilie Seifert, die im Luftschutzkeller Zuflucht gesucht hatte, ihr Leben lassen. Zwei Töchter der Familie überlebten glücklicherweise, da sie am 5. März bei Verwandten untergebracht waren.
Mit der Kirche und den anderen geistlichen Gebäuden von St. Nikolai war in der Bombennacht auch der Großteil der Nikolaivorstadt vernichtet worden.

In den Wirren der Nachkriegszeit, aber auch unter den neuen politischen Umständen, war an den Wiederaufbau der Nikolaikirche nicht zu denken. Aus dem noch gut erhaltenen Kirchturm konnte man die drei unbeschadet gebliebenen Stahlglocken bergen und verkaufte diese 1947 an die Kirchgemeinde in Thum/Erzgebirge. Dann erfolgte nach teilweisem Abbau des Kirchturmes noch dessen Sprengung und Ende des Jahres 1948 war schon von der Nikolaikirche nichts mehr zu sehen.
Bereits nach dem Verlust all ihrer geistlichen Gebäude, hatte sich die Nikolaigemeinde wieder mit ihrer Tochtergemeinde St. Thomas in Kappel zusammengeschlossen.

Die Kappler Tochtergemeinde St. Thomas

Einiges über den Namenspatron, den sich die Kappler Gemeinde erwählte, ist im Evangelium des Johannes 20,24-29 niedergeschrieben.

> Thomas aber, der Zwilling genannt wird, einer der Zwölf, war nicht bei ihnen, als Jesus kam.
> Da sagten die anderen Jünger zu ihm: Wir haben den Herrn gesehen. Er aber sprach zu ihnen: Wenn ich nicht in seinen Händen die Nägelmale sehe und meinen Finger in die Nägelmale lege und meine Hand in seine Seite lege, kann ich`s nicht glauben.
> Und nach acht Tagen waren seine Jünger abermals drinnen versammelt, und Thomas war bei ihnen. Kommt Jesus, als die Türen verschlossen waren, und tritt mitten unter sie und spricht: Friede sei mit euch! Danach spricht er zu Thomas: Reiche deinen Finger her und sieh meine Hände und reiche deine Hand her und lege sie in meine Seite, und sei nicht ungläubig, sondern gläubig!
> Thomas antwortete und sprach zu ihm: Mein Herr und mein Gott! Spricht Jesus zu ihm: Weil du mich gesehen hast, Thomas, darum glaubst du. Selig sind, die nicht sehen und doch glauben!

Es wird berichtet, als später Thomas auch an der Himmelfahrt Marias zweifelte, diese ihm erschienen sei und dabei ihm ihren Gürtel gab.
Weniger bekannt ist folgende Geschichte, in der Thomas als Baumeister des Königs Gundoforus nach Indien berufen wurde. Dort soll er statt eines geforderten Palastes nach römischer Bauweise, einen „himmlichen Palast" errichtet haben, indem er die ihm für den Bau anvertrauten Schätze unter das arme Volk verteilte. Der König wurde daraufhin bekehrt und kam zum christlichen Glauben.
Als Thomas später das Bronzestandbild des Sonnengottes zum Schmelzen brachte, soll ihm der erzürnte Oberpriester mit einer Lanze durchbohrt haben. Somit gilt St. Thomas seither als Schutzpatron der Zimmerleute und Architekten, seine Attribute sind meistens eine Lanze oder das Winkelmaß.

Während 1884 die Ortschaften Altendorf, Schönau/Neustadt und Altchemnitz selbständige Gemeinden bildeten, mußte Kappel auf Entscheidung des Landeskonsistoriums hin zunächst weiterhin bei der Muttergemeinde verbleiben. Das bedeutete für die Kappler nach wie vor den weiten Weg zum Gotteshaus in Kauf nehmen zu müssen. Andererseits wären die Gemeindeteile Nikolaivorstadt und Helbersdorf ohne Kappel nicht in der Lage gewesen, den Kirchenneubau zu realisieren.
Am 1. Oktober 1900 wurde Kappel eingemeindet und somit ein Teil der aufstrebenden Industriemetropole Chemnitz. Damit verstärkte sich natürlich das Bestreben der Kappler nach der eigenen Gemeindegründung. Doch erst am 13. März 1911 kam es, nach mehreren Verhandlungen zwischen dem Kir-

Gemeindehaus St. Thomas, Chopinstraße 42 (vormals Gabelsbergerstraße), um 1990.

chenvorstand von St. Nikolai und einer Sondervertretung aus Kappel, endlich zum Auspfarrungsvertrag. Die St.-Thomas-Gemeinde konnte somit offiziell am 1. April darauf gegründet werden.

Die Muttergemeinde übereignete dieser ihre Grundstücke Gabelsbergerstraße 40 und 42 (heute Chopinstr.). Bei dem einen Grundstück handelte es sich um die frühere Mannsche Gärtnerei, während auf dem anderen bereits 1905 das Nikolaidiakonat errichtet worden war, das nun der neuen Gemeinde als Pfarrhaus dienen sollte.

Ferner erhielt die Thomasgemeinde Anspruch auf 10.000 m² Land an der Platnerstraße, das für den geplanten Kirchbau vorgesehen war und später auch käuflich erworben werden konnte. Der Nikolaigottesacker wurde gemeinsamer Besitz mit der Muttergemeinde und letztere überließ vertragsgemäß auch weiterhin den Kapplern die Mitbenutzung ihrer Kirche bis zum Zeitpunkt der Weihe eines eigenen Gotteshauses.

Als erster Thomaspfarrer wurde am 23. April 1911 Karl Schleinitz eingewiesen. Sein Leben und Wirken galt dem Aufbau der neuen Gemeinde, der allerdings durch den 1. Weltkrieg sehr behindert wurde.

Nach erfolgtem Umbau im Pfarrhaus, konnte die Gemeinde darin am 1. Juli 1911 einen Betsaal einrichten, der für Taufen, Trauungen, Abendmahlsfeiern, Kindergottesdienste und Bibelstunden seine Nutzung fand.

Zur Gründung eines Diakonats kam es am 1. Januar 1912. Im gleichen Jahr kam auch Alfred Eichenberg, zunächst als 2. Pfarrer, ins Amt. In den Jahren 1923 und 1924 betreute er allein die Gemeinde, danach gemeinsam mit Pfarrer Schödel. Der seit 1911 geplante Bau der Thomaskirche sollte jedoch aufgrund der Kriegsauswirkungen nicht zustande kommen, obwohl man im Austausch mit dem Platz an der Platnerstraße, auch andere Standorte, letztlich gleich neben dem Pfarrhaus einen Platz für diese vorgesehen hatte.

Den Gemeindesaal konnte man 1933 auf 80 Plätze erweitern und der Chemnitzer Bildhauer Ziegler gestaltete diesen zu einer würdigen Gottesdienststätte, gleichzeitig konnte man eine kleine Orgel darin aufstellen.

In Bezug auf die Kirchenmusik wurden in St. Thomas besonders der Kirchen- und der Posaunenchor aktiv. Hier wirkten u. a. die Kantoren Richter und Heimann.

Pfarrer Eichenberg hielt bis zuletzt der Thomasgemeinde die Treue und geleitete sie auch durch schwere Zeiten. Ihm war es nicht vergönnt, die ersehnte Thomaskirche weihen zu können. Doch letzten Endes hätte es 1945 auch eine St. Thomaskirche treffen können, wäre diese zur Realität geworden.

In St. Thomas ausgestellter Trauschein von 1940.

Ruine der St. Nikolaikirche, um 1947.

Ein schwieriger Neubeginn nach dem Zweiten Weltkrieg

Die vereinten Gemeinden St. Nikolai und St. Thomas begannen unter schwierigen Bedingungen, besonders in Bezug auf die noch vorhandenen Räumlichkeiten, die Wiederherstellung des Gemeindelebens. Gemeinsam besaß man den Nikolaifriedhof an der Michaelstraße mit der großen Kapelle, die das Bombardement unbeschadet überstanden hatte und ebenso das Thomaspfarrhaus mit Gemeindesaal, der nun zum geistlichen Zentrum der Doppelgemeinde erhoben wurde. Auch die Helbersdorfer, die über Generationen hinweg stets zum Gottesdienst in die Nikolaikirche gingen, mußten nun auch ihre Schritte nach Kappel lenken. Zwar hatten die Helbersdorfer Gemeindeglieder aller 14 Tage eine Versammlungsmöglichkeit zum Gottesdienst sowie Kindergottesdienst in ihrer Schule, doch die Enge des Klassenzimmers und die bald vollzogene Trennung zwischen Staat und Kirche sowie die fehlenden Möglichkeiten zur Durchführung vielfältiger Gemeindeveranstaltungen, weckten schließlich den Wunsch nach eigenen kirchlichen Räumen in Helbersdorf selbst.

Heilig-Geist-Kapelle in Helbersdorf, um 1985.

St. Nikolaikapelle auf dem Nikolaifriedhof, um 1900.

1952 konnte die Gemeinde ein geeignetes Grundstück an der Helbersdorfer Straße erwerben und am 1. Advent 1953 den Grundstein für eine Kapelle legen. Zwei Jahre darauf, am 2. Advent, wurde die „Heilig-Geist-Kapelle" von Superintendent Fehlberg und den beiden Gemeindepfarrern Böttrich und Ratzmann festlich geweiht.

Der Bauplan für die Kapelle hatte der Chemnitzer Architekt John geliefert. Altar, Kanzel und Taufstein gestalteten die Fa. Schneider. Die Altarbilder schuf der Kunstmaler Schiffner und Taufschale, Taufkanne, Leuchter sowie das Altarkreuz sind Arbeiten der Fa. Singer in Leipzig.

Die Heilig-Geist-Kapelle wurde 1979 die erste Gottesdienststätte der neugegründeten „Dietrich-Bonhoeffer-Gemeinde" und somit gehörten fortan die Helbersdorfer zu der rasch anwachsenden evangelisch-lutherischen Kirchgemeinde des Heckert-Gebietes, die auch Gemeindeteile von St. Michaelis und Neukirchen in sich vereinte.

Durch die schweren Kriegs- und Nachkriegsjahre wurde die Nikolai-Thomas-Gemeinde von den Pfarrern Alfred Eichenberg (1912-1952), Albert Böttrich (1941-1958) geleitet, kurzzeitig auch von Pfarrer Anacker (1945) und Pfarrer Wilhelm Ettinger (1946-1950).

An Pfarrer Böttrichs Seite trat 1954 Erich Ratzmann (1954-1976) und nahm nach dessen Weggang die Geschicke der Gemeinde in seine Hand. Pfarrer Ratzmann setzte sich besonders für den Um- und Ausbau der Gottesackerkapelle zu einer Kleinkirche für die Gemeinde ein.

In diesem Sinne beschloß der Kirchenvorstand 1956 das große Bauvorhaben.

Konfirmandengruppe mit Pfarrer Ratzmann vor der Nikolaikapelle, 1956.

Persönlicher Einsatz und Opferbereitschaft der Gemeinde ließen den mutigen Plan gelingen und aus der Friedhofskapelle entstand eine kleine Gemeindekirche. Durch den Einbau einer Empore konnte die Platzkapazität erhöht werden.

Freilich, aus Mangel an Mitteln und Möglichkeiten mußte man im und am Bauwerk auf so manches schmückende Detail verzichten und statt des alten Formenreichtums konnten nur einfachere Lösungen realisiert werden. In diesem Zusammenhang wurde das Altarfenster beseitigt und zugesetzt. Um den damit verbundenen Mangel an Tageslicht auszugleichen, kamen in den Eingangsbereich der Kapelle große rechteckige Fenster und anstelle der alten hölzernen Kirchentür eine Glastür mit auffälligem Metallrahmen. Dies war natürlich dem Erscheinungsbild des neugotischen Bauwerkes zum Nachteil geraten, ebenso die Vereinfachung der beiden baufällig gewordenen Treppentürme, die statt der spitzen Turmhauben nun mit einem flachen Zeltdach versehen wurden.

Doch letztlich war die Freude über das Neugeschaffene weitaus größer als das Bedauern des Verlustiggegangenen. So konnte am 31. Oktober 1958 die „Kapelle St. Nikolai" festlich geweiht werden, die fortan auch für Sonn- und Festtagsgottesdienste, Taufen, Trauungen und Kirchenmusiken der Gemeinde neue Nutzungsmöglichkeiten bot.

Die reichlich 200 Sitzplätze im Kapellenraum gestatteten der Gemeinde dementsprechend größere Veranstaltungen. Der Ausschmückung des Raumes war natürlich im Charme der 50er Jahre gehalten: die Gesamtwirkung des sakralen Raumes hell und freundlich, von der Vorhalle aus durch Fenster und Tür sichtbar, um manchen Vorbehalt wegen der ursprünglichen Nutzung der Kapelle auszuräumen.

Am 6. April 1963 konnten in einem Glockengerüst nahe der Kapelle erstmalig in Kappel Glocken geweiht werden.

Dabei handelt es sich um drei Bronzeglocken, gegossen von der Firma Schilling in Apolda, gestimmt in der Tonfolge Es-G-B, wie dereinst das 1887 geweihte Geläut der zerstörten Nikolaikirche.

Große Es-Glocke: (1.500 kg)
„O Land, Land, Land höre des Herrn Wort"
Kirchgemeinde St. Nikolai-Thomas seit 1945

Mittlere G-Glocke: (750 kg)
„Betet ohne Unterlaß"
Kirchgemeinde St. Nikolai 1331 - 1945

Kleine B-Glocke: (400 kg)
„Tröstet, tröstet mein Volk"
Kirchgemeinde St. Thomas 1911 - 1945

Um den freistehenden Glockenstuhl wurde danach ein Glockenhaus gebaut. Im Dezember 1964 fand in der Kapelle eine mechanische Orgel mit 16 Registern der Firma Jehmlich Aufstellung. Kantor Rudolf Lachmann (1958-1973) veranstaltete mit dem klangschönen Instrument eine Reihe bedeutender Konzerte, die auch stets zahlreiche Besucher aus weiten Teilen der Stadt in das kleine Gotteshaus an der Michaelstraße lockten.

1973 fand eine weitere Orgel der Fa. Jehmlich im Gemeindesaal St. Thomas ihre Aufstellung, die fortan nicht nur die Gottesdienste klanglich bereicherte, sondern auch Hausmusikveranstaltungen dienstbar wurde.

Nach Kantor Lachmann versahen in wesentlich kürzeren Zeitabschnitten das Kantorenamt in St. Nikolai-Thomas, so in Folge Frau Hahn, Frau Jentzsch, Frau Schulz sowie Herr Sauer und Herr Koschwitz. Seit dem 16.10.1993 ist Kantor Klaus Küttner in St. Nikolai-Thomas tätig und sein kirchenmusikalisches Wirken reicht mittlerweile weit über die Gemeindegrenzen hinaus, so daß St. Nikolai wieder zu den bedeutenden Pflegestätten der Kirchenmusik in Chemnitz gezählt werden kann. Die Reihe der Pfarrer wurde fortgesetzt mit:

• Hans-Ludwig Lippmann (1958-1964),
• Fritz Pietzsch (1964-1972),
• Hanno Schmidt (1973-1978),
• Jürgen Fehlberg (1975-1978),
• Rudolf Schwerendt (1977-1987),
• Christa Schwerendt (1977-1982) und
• Christian Müller (1983-1991).

Seit 1988 ist Pfarrer Uwe Schreiber im Amt und leitet die Geschicke der Gemeinde. Seine bisherige Amtszeit wurde geprägt von den neuen gesellschaftlichen Verhältnissen im geeinten Deutschland, aber auch von den veränderten kirchlichen Gegebenheiten und der kleiner werdenden Gemeinde.

Mit einer Kirche „St. Nikolai" auch ins nächste Jahrhundert

Als am 7. März 1888 die Nikolaigemeinde festlich gestimmt in ihr neues und großes Gotteshaus einziehen konnte, hatte sie gleichzeitig einen Höhepunkt im Laufe der Geschichte erreicht. Die zu diesem Zeitpunkt aufblühende Großstadt Chemnitz, deren Einwohnerzahl enorm zunahm, ließ dabei auch die Kirchgemeinde an Größe und Bedeutung gewinnen. Dies fand vor allem in Form neuentstandener und stadtbildprägender Gotteshäuser Ausdruck. Zwei Weltkriege und deren verheerende Folgen haben auch von den Kirchgemeinden schmerzliche Opfer abverlangt, mancher Gemeinde den Untergang gebracht. Viele ideelle und materielle Werte, die Generationen von Gläubigen bewahrten, ihren Nachfahren hinterlassen wollten, wurden sinnlose Opfer vernichtender Kriege.

Auch für St. Nikolai schien das Ende gekommen zu sein, der alte Kirchplatz an der Stollberger Straße blieb seit der restlosen Beseitigung der kriegszerstörten geistlichen Gebäude fortan ungenutzt und verwilderte zunehmend. Jegliche Art von Nutzung wurde der Kirchgemeinde von städtischen Stellen versagt. Im Generalbebauungsplan der Stadt wurde später der Niklasberg in ein vorgesehenes Hochstraßenprojekt integriert, zur Realisierung kam es nicht.

Kurz nach der Wiedervereinigung Deutschlands sollte sich das Blatt wenden und auf den Niklasberg wieder Leben einziehen.

Pfarrer und Kirchenvorstand entschieden sich nun für die Verpachtung des einstigen Kirchengeländes, das gerechterweise als Gemeindebesitz neu bestätigt wurde. Die ersten Vorstellungen von Pfarrer und Kirchenvorstand über die künftige Nutzung des Geländes gingen natürlich in Richtung eigene Gemeinde bzw. kirchliche Einrichtung der Stadt. Da kein Bedarf bestand, kam man über die Stadtverwaltung mit der Dorint-Hotelgruppe ins Gespräch, die nach Verhandlungen mit den städtischen Behörden und der Kirchgemeinde, ihr Hotel für Chemnitz auf den Niklasberg errichtete.

Im Januar 1994 begann man mit den Baumaßnahmen und bereits am 1. Juni, ein Jahr später, konnte das Dorint-Hotel eröffnet werden.

Der Kirchplatz selbst bleibt auch künftig unbebaut und als wertvolles, für unsere Stadtgeschichte bedeutendes Bodendenkmal erhalten. Der Hotelstandort und die damit verbundenen Pachteinnahmen ermöglichten es der Kirchgemeinde, die fällige Sanierung ihrer Gebäudesubstanz in die Wege zu leiten. Es konnte daraufhin die umfassende Restaurierung des Pfarrhauses und Nachbargebäudes an der Chopinstraße erfolgen. Substanzielle Schäden waren mittlerweile auch an der Nikolaikapelle in Erscheinung getreten und dringender Handlungsbedarf stand an.

Als einen besonderen Höhepunkt konnte die Gemeinde das 100-jährige Bestehen der Nikolaikapelle erleben, aus diesem Anlaß Vorträge, Konzerte, Begegnungsabende und natürlich ein besonderer Festgottesdienst veranstaltet wurden.

Doch bei aller Freude über das Ereignis bleibt der Gemeinde auch stets die schmerzliche Erinnerung an den Verlust ihres großen und so schönen Gotteshauses an der Stollberger Straße, der Nikolaikirche.

Seit 1945 ist die Nikolai-Thomas-Gemeinde immer noch die einzige evangelisch-lutherische Kirchgemeinde von Chemnitz, die symbolisch und auch dem Namen nach keine Kirche als Gemeindezentrum besitzt. Von kühnen Vorstellungen und dem großen Wunsch, wie auch starken Willen bewegt, für heute in die Zukunft geschaut, für die Gemeinde etwas von längerem Bestand und Nutzen zu schaffen, kamen Pfarrer und Kirchenvorstand überein - die Nikolaikapelle soll noch vor dem Jahr 2000 unsere Kirche werden!

Im Jahre 1991 erhob man die Nikolaikapelle zu einem Kulturdenkmal unserer Stadt und stellte das neugotische Bauwerk unter Denkmalschutz. Seitdem erfährt die Gemeinde seitens der Unteren Denkmalschutzbehörde großzügige Unterstützung in Form kompetenter Beratung während der Bauphase und finanzieller Zuwendungen für die Baupflege.

Restaurierte Säulenvorhalle von St. Nikolai, um 1998.

Zu Beginn der umfassenden Rekonstruktion und Sanierung der Kapelle stand natürlich die Erarbeitung einer denkmalpflegerischen Zielstellung für das Gebäude, einschließlich der Erstellung eines Nutzungskonzeptes. Um die erforderliche räumliche Trennung zwischen Gemeindekirche und Friedhofskapelle zu erreichen, planten Pfarrer und Kirchenvorstand zunächst einen Neubau für den Friedhofsbereich an anderer Stelle. Entwürfe für die geplante Friedhofskapelle mit den notwendigen Nebenräumen konnten bald vorgelegt werden, doch letztlich erhielt die Gemeinde keine Genehmigung für dieses Bauvorhaben.

Daraufhin sah man sich nun gezwungen, die vorhandenen Räumlichkeiten neu zu ordnen und entsprechend umzugestalten, damit einerseits die Nutzung als Gemeindekirche und andererseits der Bereich des Friedhofsbetriebes klar voneinander getrennt in einem Baukomplex möglich sind. Dies erforderte den Ausbau des Kapellenkellers, um darin Wirtschafts-, Wasch-, Umkleide- und Aufenthaltsräume für den Friedhofsbetrieb unterbringen zu können. Durch die Erweiterung und Umgestaltung des Aufbahrraumes konnte eine separate Friedhofskapelle geschaffen werden. In der ehemaligen Friedhofsmeisterwohnung werden nach erfolgtem Um- und Ausbau ein Gemeinderaum, Kindergottesdienstraum, Küche, Garderobe, Toiletten und eine Sakristei eingerichtet. In der ersten Etage des südlichen Seitenflügels der Kapelle ist das Altarchiv der Gemeinde untergebracht worden und im gegenüberliegenden Teil entstand ein Aufenthaltsraum.

Die Rekonstruktion und Sanierung der Nikolaikapelle erfolgte in großen gestalterischen Schritten.

- Reinigung und Neuverfugung der Klinker, Ergänzung von Klinkern und Formsteinen
- Rückbau der Eingangsfront, Neuanfertigung einer zweiflügeligen Kirchentür nach dem historischen Vorbild, Schaffung von vier Spitzbogenfenstern
- Aufarbeiten sämtlicher Türen im Vorhallenbereich, Sanierung des Kreuzrippengewölbes in der Vorhalle sowie der Säulen mit ihren schmuckreichen Kapitellen
- Sanierung der beiden Treppentürme und Rekonstruktion der spitzen Turmhauben, die vorgefertigt per Kran aufgesetzt wurden
- Restaurierung und Schutzverglasung des östlichen Zehnpaßfensters
- Sanierung der Außenmauern und Putzflächen, Erneuerung des Dachreiters, der Dachgaupen, Neueindecken des Kapellendaches einschließlich der Seitenflügel
- Im Kapellenraum wurde die historische trapezförmige Holzdecke freigelegt und restauriert
- Öffnung des zugesetzten Altarfensters und Wiederherstellung als Zehnpaßfenster nach historischem Vorbild
- Zusetzen der ehemaligen Sakristeitür und Schaffung eines neuen Zuganges zu den Nebenräumen vom Altarplatz aus
- Auslagen des gesamten Kapellenraumes mit Sandsteinplatten, in der Vorhalle dagegen mit Fliesen

Bis zur Kirchweihe soll das Altarfenster noch künstlerisch gestaltet werden. Dafür liefert der Leipziger Künstler Matthias Klemm einen Entwurf, der das Ostergeschehen zum Inhalt haben wird. Die beiden Achtpaßfenster der Nordseite, im Zweiten Weltkrieg zerstört, erhalten ebenfalls ihre historische Farbverglasung zurück.

Um den neugotischen Kirchenraum auch in seiner Ausstattung stilgerecht zu komplettieren, wurden aufgearbeitete Bänke von 1895 aus der Markuskirche aufgestellt. Ein hölzerner Kanzelkor, mit den vier Evangelisten geschmückt - aus dem Jahre 1875, konnte als Dauerleihgabe von der Schloßgemeinde erworben werden, ebenso ein Taufstein von 1897, geschaffen von den Steinmetzmeistern Dehnert und Morgenstern. Beide Stücke restauriert, stellen sich nun in St. Nikolai in ihrer ursprünglichen Schönheit dar. In Form und Gestaltung sind Kanzel und Taufstein denen der zerstörten Nikolaikirche sehr ähnlich und erinnern nun gemeinsam mit dem Corpus Christi am Hochkreuz über dem Altar an diese.

1884 hatte man die alte Kirche wegen ihres schlechten Bauzustandes abgerissen und aus dem Glockenmaterial den Christuscorpus gießen lassen, der sich seit der Weihe der neuen Kirche 1888 dort über dem Altar befand. 1945 aus der zerstörten Kirche geborgen, brachte man den Christuscorpus an einem

Innenraum von St. Nikolai, um 1999.

Hochkreuz über den Gräbern der Opfer des 5. März 1945 auf dem Nikolai-friedhof an. Jahrzehnte der Witterung und Abgasen der nahen Industriebe-triebe ausgesetzt, hatte das wertvolle Erinnerungsstück Schaden genommen. Um es zu erhalten, kam das Original in den Kirchenraum und ein Abguß davon an das Hochkreuz des Friedhofes.

Auch nach der Kirchweihe sind noch einige Baumaßnahmen vorgesehen, wie unter anderem die Errichtunng einer großen Freitreppe als direkten Zugang zur Kirche vom Hauptweg aus.

Für die Gemeinde und für alle die zum Gelingen des mutigen Projektes bei-getragen haben, wird es am 11. September 1999 einen festlichen Höhepunkt geben. Unter der Leitung von Kantor Klaus Küttner wird Händels „Dettinger Te Deum" zur Aufführung kommen. Dafür werden die reichlich 200 Sitzplät-ze im Gotteshaus genauso wenig ausreichen wie am darauffolgenden Sonn-tag, dem 12. September 1999, wenn Pfarrer Uwe Schreiber gemeinsam mit dem Landesbischof den Festgottesdienst halten wird.

Dank der Weitsicht und kluger Vorausschau so mancher in Verantwortung ste-hender Gemeindeglieder, einst wie heute, kann die St.-Nikolai-Thomas-Ge-meinde mit einer Kirche als geistlichem Zentrum und gleichzeitig weithin sicht-barem Symbol ihrer Existenz und jahrhunderte alten Geschichte und Tradi-tion in das nächste Jahrhundert schreiten.

Der Herr, unser Gott, sei uns freundlich und fördere das Werk unserer Hände, denn, wo der Herr nicht das Haus bauet, so arbeiten umsonst, die daran bauen. SOLI DEO GLORIA.

4. INDUSTRIE DER NIKOLAIVORSTADT UND IN KAPPEL

Die Palette der produzierenden Betriebe in der Nikolaivorstadt und im Stadtteil Kappel umfaßte einst Unternehmen der Textilindustrie, des Maschinenbaus und seiner Zulieferer (Gießereien), der Chemieindustrie, der Elektroindustrie und des Apparatebaus, des Fahrradbaus sowie Fabriken der Lebens- und Genußmittelherstellung. Der überwiegende Teil der Betriebe konzentrierte sich an der Zwickauer Straße. Zunächst war es das Wasser des Kappelbaches, das zur Produktion und zum Antrieb der Maschinen genutzt wurde. Die ab 1858 parallel zur Zwickauer Straße verkehrende Eisenbahn veranlaßte viele Firmen zur Ansiedlung an dieser Straße wegen der Möglichkeit eines Gleisanschlusses. Steinkohle für die Dampfmaschinen und -kessel, Rohstoffe und Material und die gefertigten Erzeugnisse konnten schneller und billiger an- und abtransportiert werden. Ein weiterer Standortvorteil war die geringe Entfernung von der Stadt.

Weberei R. Hösel & Co. mit Kappelbach, um 1860, heute am Falkeplatz.

73

Die Betriebe wurden auf Feldern und Wiesen, abseits von den Wohngebieten errichtet. Erst Jahre später baute man Wohnhäuser in die unmittelbare Nähe der Fabriken. Damit wird die in der Vergangenheit oftmals aufgestellte Behauptung, daß die Kapitalisten, ohne auf die Gesundheit der Menschen zu achten, ihre Betriebe inmitten von Wohngebieten angesiedelt hätten, widerlegt. Bis zur Zerstörung durch den Bombenangriff am 5. März 1945 war die Zwickauer Straße mit ihren Nebenstraßen eines der industriellen Hauptballungsgebiete der Stadt. Vom Falkeplatz bis nach Reichenbrand reihten sich Betriebe, unterbrochen von Wohnhäusern und Vergnügungsstätten, aneinander. Die Anfänge der Bebauung reichen bis ins letzte Drittel des 18. Jahrhunderts zurück. Im Folgenden sollen einige dieser Betriebe vorgestellt werden.

Textilindustrie

Kattundruckerei Pflugbeil & Co./Weberei R. Hösel & Co.
Zwickauer Straße 16/18

Dort, wo heute an der Zwickauer Straße ein in Plattenbauweise errichteter Wohnblock steht, befand sich Ende des 18. Jahrhunderts die Kattundruckerei von Benjamin Gottlieb Pflugbeil (später Pflugbeil & Co). Sie war in ihrer Branche einst eine der größten und leistungsfähigsten Firmen Sachsens. Seit 1809 unterhielt sie außerdem in Plaue bei Flöha eine Baumwollspinnerei. Nach Aufgabe der Kattundruckerei durch Peter Otto Clauß übernahm Robert Hösel nach 1850 die Gebäude und baute die Kattundruckerei zur Weberei um. Gleichzeitig betrieb er noch eine Färberei. Als eine der ersten Chemnitzer Firmen begann Hösel in den siebziger Jahren des 19. Jahrhunderts mit der Plüschweberei. Der größte Teil der Gebäude wurde beim Bombenangriff am 5. März 1945 zerstört. Bis 1990 war im Haus Zwickauer Straße 16 der Zentralversand des VEB Möbelstoff- und Plüschwerke untergebracht

Strumpfwarenfabrik Jacob Moritz Eisenstuck
Zwickauer Straße 50

Eine der ältesten Chemnitzer Strumpfwarenfabriken, die 1836 gegründete Fa. J. M. Eisenstuck, hatte einst bis 1945 ihren Sitz an der Zwickauer Straße 50. Haupterzeugnisse waren Strumpfwaren aller Art aus verschiedenen Materialien wie Baumwolle, Wolle und Seide. Diese wurden nach den USA, Kanada, Mittel- und Südamerika und sogar nach Asien und Australien exportiert. Der Firmengründer beschäftigte sich auch mit dem Maschinenbau. Er bestückte den Strumpfstuhl ermals mit aufrechtstehenden Nadeln und horizontal liegenden Platinen. Diese Erfindung wurde 1863 patentiert.

Schnurklöppelei und Zwirnerei Anton Kurth

Neefestraße 58

1866 gründete Anton Kurth eine Schnurklöppelei und Zwirnerei. Diese befand sich zunächst an der Neefestraße 10. Um 1900 erfolgte der Umzug in das neue Gebäude Neefestraße 58. 1972 wurde der Betrieb verstaatlicht und bestand bis 1990 als VEB Zwirneffekt Karl-Marx-Stadt. In den letzten Jahren entstand in den Gebäuden ein Sport-, Kultur- und Dienstleistungszentrum.

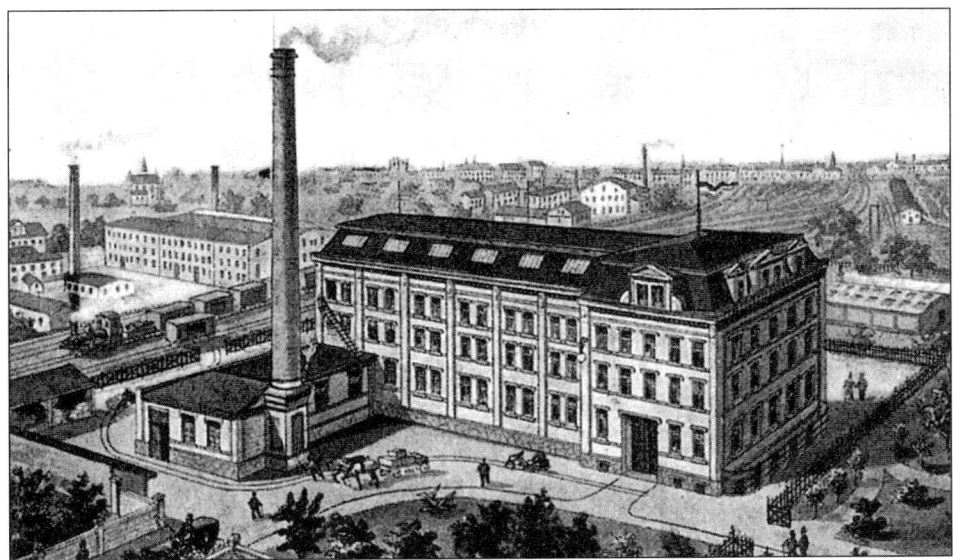

Schnurklöppelei und Zwirnerei Anton Kurth, um 1910.

Trikotfabrik Felix Frank

Alfredstraße 10

An der Alfredstraße 10 begann 1882 Felix Frank mit der Produktion in seiner Trikotfabrik. 1921 schloß sich der Betrieb mit zwei weiteren Textilfirmen zur AG Marschel-Frank-Sachs Aktiengesellschaft zusammen. Nach 1933 wurde diese jüdische Firma enteignet. Um den eingeführten Firmennamen zu erhalten, gründeten die neuen Besitzer die AG Mafrasa.

Sächsische Tüllfabrik AG, Chemnitz

Zwickauer Straße 145

Das Gebäude Zwickauer Straße/Ecke Lützowstraße beherbergte über 50 Jahre eine Tüllfabrik. 1896/97 nahm die Maschinenfabrik Kappel die Produktion von Tüllmaschinen auf. Wenig später, 1899, erfolgte die Gründung der Säch-

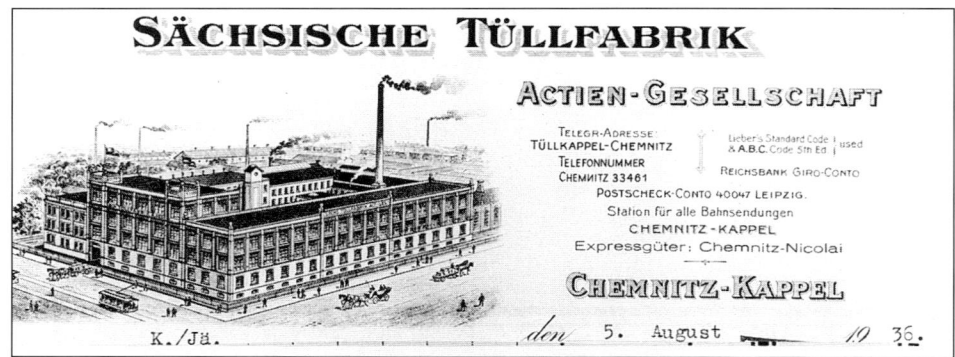

Sächsischen Tüllfabrik AG.

sischen Tüllfabrik als Tochterunternehmen. Die Gebäude der Tüllfabrik errichtete man unmittelbar neben der Maschinenfabrik. Ausgestattet mit Maschinen aus dem Mutterunternehmen wurden hier baumwollene Tülle u. a. auch Moskito-Netze hergestellt. Nach 1919 kam noch die Weberei von Dekorations- und Gobelinstoffen hinzu. 1955/56 endete die Produktion von Textilien, der Betrieb wurde dem VEB Schleifmaschinenwerk angeschlossen. Ein Teil der Gebäude nutzen heute verschiedene Dienstleistungsfirmen.

Strumpffabrik Max Spinath
Bachgasse 1

1899 gründete Max Spinath in der Bachgasse 1 eine Handschuhfabrik. Später zog dann noch die Appreturanstalt Manitz & Co., bei der Spinath Teilhaber war, in das Gebäude.
Der letzte Besitzer aus der Familie Spinath war 1938 Majer Spinath. Im gleichen Jahr übernahm eine Textilreinigungsfirma das gesamte Anwesen. Sie mußte um 1970 umziehen, weil das „Heckert-Werk" die Gebäude benötigte.

Gebr. Goeritz/VEB Sporett
Zwickauer Straße 106 - 108

Von 1910 bis 1991 wurden in den Gebäuden Zwickauer Straße 106/108 einschließlich des Gebäudeteiles an der Ulmenstraße Textilen produziert, zunächst von der 1882 gegründeten Firma Gebrüder Goeritz, ab 1925 Aktiengesellschaft. Da die Inhaber Juden waren, wurde der Betrieb 1938 „arisiert" und führte nun die Bezeichnung „Norddeutsche Trikotweberei".
Ab 1946 wechselte das Unternehmen als volkseigener Betrieb wiederholt den Namen und Träger. Seine Haupterzeugnisse waren in den letzten Jahrzehnten Sportbekleidung. 1991 mußte auch dieser Betrieb die Produktion einstellen.

Vom Gebäudeensemble verdient das Haus an der Ulmenstraße wegen seiner Architektur besondere Beachtung.

Es entstand nach Plänen von Hans Poelzig, durfte jedoch nicht bis zur Zwickauer Straße geführt werden, da die städtischen Behörden dafür keine Genehmigung erteilten, weil ein solch hohes Gebäude nicht ins Stadtbild passen würde.

Strumpffabrik Moritz Samuel Esche

Goethestraße 5/Walkgraben 29

Am 1. Oktober 1870 zog die Firma Moritz Samuel Esche von Limbach nach Chemnitz an die Goethestraße, weil hier Eisenbahnanschluß möglich war. Auch am neuen Standort führte der Betrieb die Strumpfproduktion weiter. Dank des guten Geschäftsgangs konnten wiederholt bauliche Erweiterungen vorgenommen werden, 1886 Gebäude Goethestraße 5, 1922 Walkgraben 29. Um die Jahrhundertewende fanden bei Esche 500 Arbeiter und 2.500 Heimarbeiter Beschäftigung.

Bei der Bombardierung von Chemnitz im März 1945 erlitt das Gebäude schwere Schäden. Nach 1945 nur notdürftig aufgebaut, verblieb es bis 1953 im Besitz der Familie Esche. Dann diente der ehemalige Strumpfbetrieb verschiedenen Firmen als Produktionsstätten und Lager. Nach 1990 begann eine umfassende Sanierung der alten Fabrik, in der nun das Sozialamt untergebracht ist.

Strumpffabrik Esche, um 1910.

Kammgarnspinnerei Burmann & Co
Zwickauer Straße 156

Die heutige Gaststätte „Villa Posthof" befindet sich in der einstigen Fabrikanten-Villa der Kammgarnspinnerei von Burmann & Co. Dieses Unternehmen etablierte sich um 1870. Nach 1900 wurde es eine Filiale der „Norddeutsche Wollkämmerei und Kammgarnspinnerei". 1931 übernahm die ALROWA-Deutsche Strickwaren AG das Anwesen. Bei der Bombardierung im März 1945 wurde das hinter der Villa liegende Fabrikgebäude zerstört. Von 1910 bis nach 1990 befand sich im Erdgeschoß der heutigen Gaststätte das Postamt von Kappel.

Mechanische Wollwarenfabrik „Sachsen"
Zwickauer Straße 173

1925 verlagerte Hans Bernstein seine seit 1917 an der Zwickauer Straße 138 bestehende Mechanische Wollwarenfabrik in das nach Entwürfen der Architekten Kornfeld & Bernischke errichtete Gebäude an der Zwickauer Straße. Nach 1933 wurde die jüdische Firma enteignet und am 27. April 1937 liquidiert. Danach mieteten sich mehrere Textilbetriebe in dem Gebäude ein. Von 1945 bis 1961 nutzte die Konsumgenosenschaft das Haus als Lager. Dann zog der Rat des Stadtbezirkes Karl-Marx-Stadt/West ein. Heute befindet sich in der Zwickauer Straße 173 eine Filiale der Sparkasse.

Maschinenbau

Gießerei Constantin Pfaff
Zwickauer Straße 60/62

1835 begründete Constantin Pfaff in der Kattundruckerei seines Vaters unterhalb des Hüttenberges in der Aue zwischen Chemnitzfluß und Mühlgraben eine Maschinenbauanstalt, die er 1840 an die Zwickauer Straße in die ehemalige Borscherdtsche Fabrik verlegte. Schon ein Jahr später zog er erneut um. Diesmal auf die andere Seite der Zwickauer Straße (später Nr. 60/62). Zunächst stellte er nur Fleyer her, begann aber auch bald mit dem Bau von Dampfmaschinen und -kesseln sowie Spinnmaschinen. Die dazu benötigten Gußteile wurden in einer eigenen Gießerei gefertigt. 1849 erweiterte Pfaff sein Unternehmen durch die Anlegung einer Spinnerei, ausgerüstet mit Maschinen eigener Produktion. 1854 errichtete er gemeinsam mit Robert Hösel gegenüber seiner Firma (Zwickauer Straße 85) die erste Chemnitzer Gasanstalt. Da 1865 infolge des amerikanischen Bürgerkrieges der Absatz von Spinnmaschinen zurückging, begann Pfaff zu diesem Zeitpunkt mit dem Bau von Werkzeugmaschinen. 1874 erfolgte die Umwandlung des Unternehmens in die Aktiengesellschaft Saxonia. 1878 mußte dann diese in Liquidation gehen.

Maschinenfabrik, Eisengießerei und Baumwollspinnerei von Constantin Pfaff, um 1860.

Maschinenfabrik Götze & Co.
Zwickauer Straße

Als der Kaufmann August Götze 1842 bei Richard Hartmann als Teilhaber ausschied, begründete er mit seinen beiden Schwägern, Ernst und Theodor Wiede, ein eigenes Unternehmen, die Maschinenbaufirma - Götze & Co. Diese befand sich zunächst an der Zwickauer Straße in der ehemaligen Pfaffschen Fabrik. Götze hatte bei Hartmann gesehen, daß es sich als günstig erwies, wenn zu den Maschinen gleich noch die Antriebstechnik mit angeboten werden konnte. So begann das junge Unternehmen mit dem Bau von Spinnmaschinen- und Dampfmaschinen. Diese Idee erwies sich als tragfähig, bald reichte das Firmengelände für eine Betriebserweiterung nicht mehr aus, eine Verlagerung machte sich erforderlich. Nun erfolgte der Umzug an die Äußere Dresdner Straße 7 (Dresdner/Ecke Fürstenstraße).

Werkzeugmaschinenfabrik Union
Zwickauer Straße 92

Von 1865 bis 1991 hatte die älteste, heute noch existierende Werkzeugmaschinenfabrik Deutschlands an der Zwickauer Straße ihren Sitz. Der Gründer, David Gustav Diehl, betrieb zunächst in der Nicolaimühle an der Stollberger Straße eine Werkstatt zur Herstellung von Werkzeugen. Diese baute er ab 1864/65 an der Zwickauer Straße schrittweise zur Werkzeugmaschinenfabrik

Werkzeugmaschinenfabrik Union.

aus. 1872 ging aus dem Betrieb die Aktiengesellschaft „Union" hervor, die sich seit 1875 besonders auf Bohrwerke spezialisierte. Nach dem Volksentscheid 1946 entstand der VEB Werkzeugmaschinenfabrik Union. 1991 erfolgte die Aufgabe des Standortes Zwickauer Straße und später der Neubau an der Clemens-Winkler-Straße.

Fa. Otto Wiegand
Zwickauer Straße 122

Die Firma Otto Wiegand entstand 1871 zur Fabrikation von Ersatzteilen für die Spinnerei und Weberei. Ihr Sitz befand sich zuerst in der Lohgasse. 1912 übernahm Johannes Otto Wiegand den Betrieb. Er gab ihm ein neues Profil, indem er sich auf die Herstellung von Meß-und Zählapparaten für die Textil- und Maschinenbauindustrie konzentrierte. Dazu gehörten u. a. Schußzähler für mechanische Webstühle, Meter-, Reihen- und Stichzähler. 1926 bezog die Firma das Gebäude Zwickauer Straße 122. 1961 erfolgte die Verlagerung nach Erfenschlag.

Maschinenfabrik Kappel/ Schleifmaschinenwerk
Zwickauer Straße 137

1866 begann Fürchtegott Moritz Albert Voigt in Kappel mit dem Bau einer Fabrik zur Herstellung von Stickmaschinen. 1867 nahm er hier die Produktion auf, die er bisher, seit 1860, in Kändler betrieben hatte. 1872 wandelte er das Unternehmen in eine AG um. Zu den Textilmaschinen kamen später noch Werkzeug-, Holzbearbeitungs- und Schreibmaschinen hinzu. In Kriegszeiten traten Granaten, Panzergetriebeteile u. a. an die Stelle von Maschinen. Deshalb fiel

Maschinenfabrik Kappel AG.

1945 auch dieser Betrieb wegen der Rüstungsproduktion unter die Demonta-
gebestimmungen. Als volkseigener Betrieb war der VEB Schleifmaschinenwerk
Karl-Marx-Stadt Alleinhersteller für Außenrund-Schleifmaschinen in der DDR.
Seit 1995 befindet sich die Hauptproduktionsstelle in Hartmannsdorf.

Eisengießerei

Eisengießerei C. H. Rockstroh

Zwickauer Straße

1836 verließ Carl Heinrich Rockstroh die Hauboldsche Fabrik, in der er die
Tiegelgießerei geleitet hatte, um eine eigene Gießerei zu betreiben. Diese rich-
tete er in der ehemaligen Maschinenfabrik von Burkert an der Zwickauer Straße
ein. 1843 nahm er den Betrieb in der neuerbauten modernen Gießerei an der
Stollberger Straße 10/Ecke Neefestraße auf. 1872 erfolgte der Anschluß an die
Chemnitzer Eisengießerei-Aktiengesellschaft zu Berlin; Zweigniederlassung
Chemnitz als Maschinenfabrik für Kranbau, Gießereianlagen, Holzschleife-
reien und Pappenfabriken. 1877 ging die Aktiengesellschaft in Konkurs.

Maschinenfabrik Herrmann und Alfred Escher AG/Gießerei „Rudolf Harlaß"

Zwickauer Straße 121

1884 kaufte Hermmann Escher die ehemalige Maschinenfabrik Robert Geyer
an der Zwickauer Straße 100, um seine seit 1874 bestehende Werkzeug- und
Maschinenfabrik hierher zu verlegen. 1895 erwarb er das ehemalige Gelände
der Rockstrohschen Gießerei, Zwickauer Straße 121, da hier bessere Erweite-
rungsmöglichkeiten bestanden als am bisherigen Standort. Hier entstand damals eine der modernsten und größten Werkzeugmaschinenfabriken von
Chemnitz. 1899 verließ der Sohn Alfred Escher den Betrieb und baute in Siegmar eine eigene Firma auf. 1906 vereinten sich dann beide Betriebe zur Her-

81

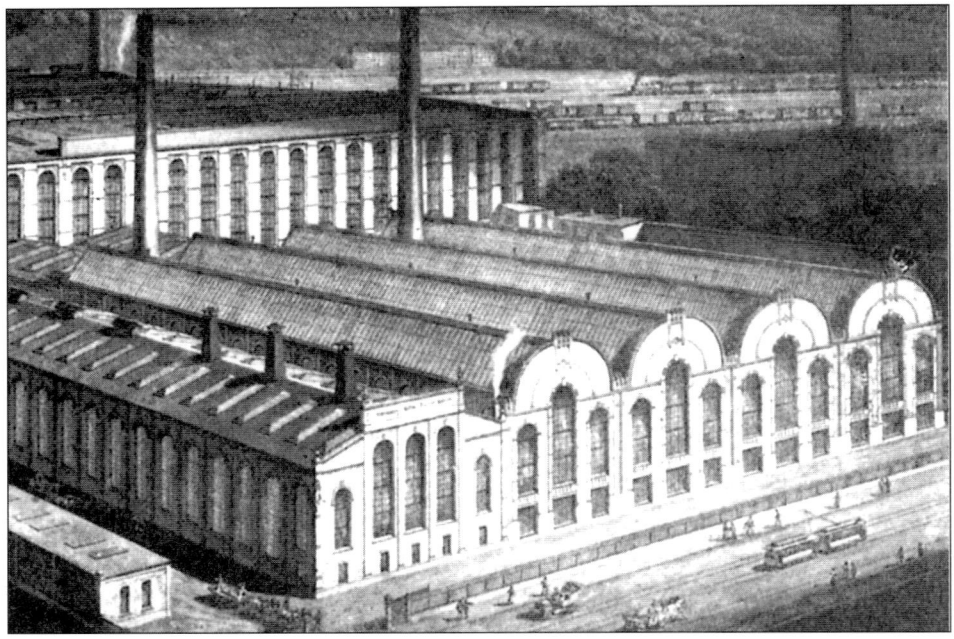

Hermann und Alfred Escher AG, Werk Chemnitz-Kappel, um 1910.

mann und Alfred Escher AG. Bis 1930 wurde an beiden Standorten produziert, dann erfolgte die Aufgabe des Standortes Kappler Drehe. 1942 übernahm die Auto-Union den Standort und richtete für den Guß von Motorengehäusen für Panzer eine Gießerei ein. Die vom Luftkrieg nur wenig beschädigte Fabrik wurde im Sommer 1945 völlig demontiert. Nach Wiederaufbau und der Umwandlung in einen volkseigenen Betrieb kamen schrittweise weitere Gießereien hinzu, die gemeinsam den VEB Gießerei „Rudolf Harlaß" bildeten. Ab 1983 begann der Umzug nach Wittgensdorf und die Einstellung der Produktion an der Zwickauer Straße.

Chemieindustrie

Maschinenfabrik Beutel & Baranius/ Tapetenfabrik Max Langhammer
Zwickauer Straße 81

Ab 1864 bauten Sebastian Andreas Beutel und Ernst Ludwig Baranius, zwei ehemalige Meister von Richard Hartmann, an der Zwickauer Straße 81 unter der Firmenbezeichnung Beutel & Baranius leichte Webstühle nach englischem Muster. 1871 übernahm der Besitzer der Gaststätte „Sachses Ruh" das Unternehmen. Später nutzte dann Max Langer das Gebäude zur Einrichtung seiner Tapetenfabrik.

Chemische Fabrik von Duvernay, Peters & Co., um 1860.

Chemische Produkte-Fabrik
Gotthelf August Peters
Zwickauer Straße/Ecke Reichsstraße

Der Aufschwung der Kattundruckerei zu Beginn des 19. Jahrhunderts führte auch zu einem erhöhten Bedarf an Farben und Chemikalien. Das gab den Ausschlag, daß im Herbst 1809 Gotthelf August Peters ein chemisches Laboratorium einrichtete. Dies befand sich an der Annaberger Straße im Grundstück seines Bruders Ernst Ludwig. Peters stellte nun als erster in Sachsen die zur Befestigung der Kattundruckfarben nötigen Säuren, wie Salz- Salpeter- und Zinnsalzsäuren sowie Zinnchlorsalze, her. Da sich seine Produkte gut verkauften und sogar die Regierung seine Leistungen mit einer Belobigung anerkannte, entschloß sich Peters die Produktion auszuweiten. So erwarb er 1811 das Grundstück Niclasgasse 4 (Reichsstraße /Ecke Zwickauer Straße) und baute eine chemische Fabrik auf. Dort entwickelte er auch später ein Verfahren zur Erzeugung von englischer Salzsäure in Bleikammern. 1851 übernahm Sohn Theodor das Unternehmen. Er führte in die Produktionspalette Erzeugnisse ein, die man bisher aus Frankreich importierte. Von 1854 bis 1867, ging Peters eine Partnerschaft mit Duvernay & Schön, Paris ein. 1859 wurde eine neue chemische Fabrik errichtet, in der man über mehrere Jahrzehnte Anilinfarben herstellte. 1935 erwarb ein Versicherungsunternehmen die alte Fabrik, ließ sie abreißen und an ihrer Stelle eine Verwaltungsgebäude erbauen.

VEB Fettchemie, um 1980.

Böhme Fettchemie/VEB Fettchemie
Neefestraße 119-125

1908 erwarb die Firma Hermann Theodor Böhme in Kappel Gelände an der Neefestraße, wo zügig eine chemische Fabrik aufgebaut wurde. Bereits im Herbst 1909 wurde die Produktion in drei Richtungen aufgenommen: 1. Appreturmittel z.B. Dextrin, 2. Textilöle z.B. Türkischrotöl, 3. Seifen.
Im gleichen Jahr verstarb der Firmengründer Hermann Theodor Böhme. Nun wurde die Firma in eine Familienaktiengesellschaft mit einem Grundkapital von 1,5 Millionen Mark umgewandelt.
Die Leitung des Betriebes übernahmen die Söhne des Gründers, Curt und Paul Böhme, sowie die bisherigen Prokuristen, Bruno Wolf und Karl Diezmann. 1932 kaufte der Betrieb weiteres Gelände südlich der Neefestraße. Am 26. Oktober 1937 wohnte die gesamte Belegschaft der Grundsteinlegung des neuen Verwaltungsgebäudes bei, das dann 22. März 1939 seiner Bestimmung übergeben wurde. An der Neefestraße entstand auch das FEWA-Werk, das das erste vollsynthetische Feinwaschmittel der Welt produzierte. Der Chemiker Dr. Heinrich Bertsch hatte es entwickelt .
1935 erwarb der Henkelkonzern Anteile der Firma Böhme. Der Betrieb firmierte nun bis 1946 unter der Bezeichnung Böhme-Fettchemie GmbH.
1946 übernahm das Werk das Land Sachsen. Daraus ging 1948 ein volkseigener Betrieb hervor, der später die Bezeichnung VEB Fettchemie führte und sich zum größten Chemiebetrieb der Region entwickelte. Hier wurden solche bekannten Erzeugnisse wie „Fit" und „Fay" entwickelt und hergestellt.
1991 mußte die Fettchemie GmbH in Liquidation gehen. Der überwiegende Teil der Produktionsanlagen wurde abgerissen. Auf einem Teil des Geländes entstand der Solaris-Technologiepark.

Günther & Haussner
Lützowstraße 12

Am 1. Mai 1895 begann die schon seit 1862 bestehende Seifenfabrik Günther & Haussner an der Wilhelmstraße (heute: Lützowstraße) mit der Produktion. Die Produktionspalette umfaßte verschiedene Seifen, darunter „Elfenbein" und „Holländerin" und ein Seifenpulver „Bleib mir treu"; weitere Artikel waren Petroleum, Kerzen, Fettware. u. a. Der Erste Weltkrieg führte zu wesentlichen Einschnitten in der Produktion. Statt Markenseife konnte nun nur noch Tonseife ausgeliefert werden. Als nach Kriegsende wieder ausreichend Rohstoffe zur Verfügung standen, lief die Produktion wieder voll an. 1921 wandelten Friedrich Albert Günther und Wilhelm Karl Theodor Günther die Firma in eine Aktiengesellschaft um.
1925 und 1928 erfolgten Erweiterungsbauten im Betriebsgelände. 1928 ergänzte man die Palette der Erzeugnisse durch die Übernahme von Produkten des Betriebes Lebona (Lehmann & Bohne).

Im Zweiten Weltkrieg wurde auch die Fa. Günther & Haußner in die Rüstungsproduktion einbezogen. Sie stellte Atemkalkpatronen für U-Boote her. Das führte dann 1945 dazu, daß der Betrieb als Rüstungsbetrieb eingestuft und demontiert wurde. Wieder mit Maschinen und Anlagen ausgestattet, erfolgte dann die Angliederung an die Fettchemie.

Die traditionelle Produktion wurde noch bis in die 60er Jahre beibehalten, fiel aber dann einer Sortimentsbereinigung zum Opfer. Bis 1992 wurde noch in den Gebäuden der früheren Fa. Günther & Haußner produziert. Mit der Liquidation der Fettchemie erfolgte dann auch deren Abriß. Heute steht nur noch die ehemalige Villa.

Feldschlößchen Brauerei

Am Feldschlößchen 18

Briefkopf des Unternehmens.

1868 lieferte F.A. Kupfer, der in Altendorf noch eine Landwirtschaft und eine Ziegelei betrieb, das erste Bier aus eigener Brauerei aus.

Aus der Chemnitzer Feldschlößchenbrauerei „Böttger & Co", deren Inhaber Gustav Herrmann Pleißner und Reinhold Böttger in Altendorf waren, wurde am 1. Februar 1889 die Chemnitzer Feldschlößchenbrauerei Aktiengesellschaft von dem Kappeler Kaufmann Walter Böttger und dessen Bruder, Braumeister Reinhold Böttger, dem Altendorfer Braumeister Gustav Pleißner, dem Chemnitzer Privatmann Julius Küttner und dem Schönauer Apotheker Otto Götze gegründet. Nach anfänglichen Schwierigkeiten, die zum einen mit schlechten Hopfenernten Anfang der 90er Jahre und zum anderen mit einer unzulänglichen Vermarktungskonzeption zusammenhingen, entwickelte sich die Firma bald zu einem führenden Unternehmen der Brauereibranche. Zehn Jahre nach ihrer Umwandlung in eine Aktiengesellschaft verfügte die Feldschlößchenbrauerei über das beträchtliche Grundkapital von 450 000 Mark.

Typischer Bierwagen der Brauerei, um 1920.

Allein im Jahre 1899 wurden über 25 000 Hektoliter Bier gebraut. Bis heute genießt die Brauerei bei den Chemnitzern einen hervorragenden Ruf.
In den sanierten und auf modernstem Stand der Technik basierenden Brauereianlagen wird ein beträchtlicher Teil der Chemnitzer Braustolzbiere hergestellt, die von hier aus ihren Weg auch weit über Chemnitz hinaus finden. Heute werden in dem Betrieb fünf Biersorten bei einer Jahresproduktion von 160 000 hl produziert.

Ansicht der Brauerei, um 1950.

Betriebe in der Nikolaivorstadt und in Kappel 1920

Alfredstraße 10	Trikotagenfabrik Felix Frank
Am Feldschlößchen 18	Feldschlößchen Brauerei
Am Walkgraben 7	Bau- und Kunstschlosserei Richard Haase
Am Walkgraben 7	Jacquardkartenschlägerei Gebr. Frenzel
Am Walkgraben 13	Kunstseidenzwirnerei Mende & Helge
Gabelsberger Straße 5 (Heute: Chopinstraße)	Schnurklöppelei und Zwirnerei Anton Kurth
Falkeplatz 1	Strumpfwarenfabrik Siegler & Co.
Goethestraße 5	Strumpffabik Moritz Samuel Esche
Herbertstraße 7/9	Blech- und Metallwarenfabrik Förster & Siegel
Herbertstraße 4	Korsettschonerfabrik Max Franck
Lützowstraße 1	Eisengießerei Maschinenfabrik Kappel
Lützowstraße 4	Deutsche Nadelstahfabrik Ewald Friedrich
Lützowstraße 12	Seifenfabrik Günther & Haussner
Lützowstraße 44	Ziegelei Gebr. Wechsler
Neefestraße 3	Posamentenfabrik Theodor Rauchalles
Neefestraße 7	Strumpffabrik Friedrich Kircheisen
Neefestraße 78	Chemische Fabrik Th H. Böhme
Neefestraße 80	Fabrik f. Feinmechanik Hunger & Uhlig
Neefestraße 86	Betonbalken- und Zementdielenfabrik Paul Oehmichen

Maschinenfabrik von Theodor und Ernst Wiede um 1860 an der Zwickauer Straße.

Voigtstraße 1	Kartonagenfabrik Max Stopp
Voigtstraße 11	Nadelfabrik Lohse & Reuther
Voigtstraße 19/21	Deutsch-Amerikanische Petroleum-Gesellschaft
Voigtstraße 25	Chemnitzer Preßsteinfabrik
	Eisendreherei Richard Hempel
Voigtstraße 27	Phantasiewirkwarenfabrik Gotthilf Langer
Voigtstraße 10	Holzwarenfabrik Neubert
Zwickauer Straße 15	Pumpen- und Armaturenfabrik Carl Vogel
	Strickwarenfabrik Oswald Sieber
Zwickauer Straße 35	Kartonagenfabrik Paul Stopp
Zwickauer Straße 41/43	Nähmaschinenfabrik Bernhard Köhler
Zwickauer Straße 47	Stickerei Bruno Hennig
	Trikotagenfabrik Leopold Jacoby
Zwickauer Straße 57	Vorhemdchenfabrik Benno Guthmann
	Strumpfwarenfabrik E. Rudolph
Zwickauer Straße 71	Appreturgeschäft Anton Schwob
Zwickauer Straße 73	Appreturgeschäft F. Haubold
Zwickauer Straße 75	Strumpfwarenfabrik Hermann Heinrich
	Trikot-Fabrik Möller & Horn
	Strumpfwaren- und Handschuhfabrikation
	August Geerling
	Strumpfwarenappretur Wilhelm Werner
Zwickauer Straße 79	Spiegelbelegerei K. G. Stadtler

Gasbereitungs-Anstalt 1860 an der Zwickauer Str., heute 150 m vor Abzweig Goethestr.

Zwickauer Straße 81	Metallschraubenfabrik Swoboda & Co.
Zwickauer Straße 87	Handschuhfabrik Rich. Schroeter & Co.
Zwickauer Straße 95	Strumpf- und Handschuhformerei E. Herold, Nachf.
Zwickauer Straße 109	Chemnitzer Glas-, Manufaktur- und Firmenschilderfabrik Rudolf Kreyßel
Zwickauer Straße 121/123	Werkzeugmaschinenfabrik Hermann und Alfred Escher
Zwickauer Straße 125	Maschinenfabrik Schubert & Salzer (Gießerei)
Zwickauer Str. 135/145	Maschinenfabrik Kappel
Zwickauer Straße 145	Sächsische Tüllfabrik
Zwickauer Straße 165	Faßfabrik Gebr. Heuschmann
Zwickauer Straße 2	Weiferei und Garnhandlung Albert Bonitz
Zwickauer Straße 16/18	Weberei und Färberei Robert Hösel
Zwickauer Straße 20	Strumpf- und Wirkwaren Weiß & Schreiber
Zwickauer Straße 22	Strumpfwarenfabrik Otto Herold & Co.
Zwickauer Straße 32	Destillation Moritz Uhle, Nachf.
Zwickauer Straße 38	Lackier- und Firmenschildergeschäft Seifert & Würkert
	Strumpfwarenfabrik Wachtler & Neldner
	Kartonagenfabrik Arthur Hofmann
Zwickauer Straße 40	Strumpf- und Handschuhappretur Emil Müller
Zwickauer Straße 48	Chemische Fabrik Th. Peters
Zwickauer Straße 50	Strumpfwarenfabrik Jakob Moritz Eisenstuck
Zwickauer Straße 54	Stahlkasseten- und Tresorfabrik F. E. Baum
Zwickauer Straße 58	Fabrik für elektrotechnische Apparate Nostitz & Koch
Zwickauer Straße 60/62	Möbelstoffweberei Seidler & Schreiber
Zwickauer Straße 84	Strumpf- und Trikotfabrik Ernst Gottlieb Ladewig
	Strumpfwarenappretur W. Barthel
Zwickauer Straße 88	Laternenfabrik Barthel, Lang & Co.
	Trikotagenfabrik Steinhardt & Co.
	Elektrische Bordapparate „Aegir"
Zwickauer Straße 92/98	Werkzeugmaschinenfabrik Union
Zwickauer Straße 100	Maschinenbauwerkstatt Hans Sachs
	Strick- und Wirkwarenherstellung Hubert & Winter
	Strumpf- und Handschuhformerei F. O. Wolf
Zwickauer Straße 102	Dampfwäscherei „Frauenlob" Emil Stöhr
Zwickauer Straße 106	Trikotfabrik Siegmund Goeritz
Zwickauer Straße 108	Chemnitzer Teppichfabrik Oscar Kohorn
Zwickauer Straße 122	Zähl- und Meßapparate O. Wiegand
Zwickauer Straße 136	Buchdruckerei Richard Eilbert
Zwickauer Straße 156	Norddeutsche Wollkämmerei und Kammgarnspinnerei, Filiale Kappel
Zwickauer Straße 188	Strumpfwarenappretur Heinrich & Friedrich

Gießerei wird zum Museum

Der Ort des Geschehens heißt Kappler Drehe. Dort, wo die Straßenbahn die Wegführung der Straße verläßt, um im unbestimmten Gelände zu verschwinden, dort, wo die Zwickauer Straße zwei Bögen wie ein S beschreibt, eben dort steht die imposante Halle mit der vierbögigen Schaufassade. Hier, wo die Industrie fast 100 Jahre lang ihren heißen Atem verströmte, ruht seit 1983 der Pulsschlag der Geschäftigkeit. Die einstmals stolze Harlaß-Gießerei war dem Verfall preisgegeben. Und nicht nur das. Um ihr Verschwinden aus dem Stadtbild - und vielleicht auch aus den Köpfen - zu beschleunigen, wurde Hand angelegt. Die Sprengung des Ensembles war besiegelt und Tausende von Sprenglöchern offenbaren noch heute den radikalen Beschluß, die Fabrik mit einem finalen Donnergetöse auszulöschen. Eine Begnadigung in letzter Minute verhinderte das Schlimmste. Die Sprengung wurde abgesagt. Aber der schleichende Verfall, die Rückeroberung des Terrains durch die Natur, schritt voran.

„Kommt Zeit - kommt Rat". Dieser trostreiche Spruch mag auch für die Harlaß-Gießerei gegolten haben. Die politische Wende Ende der 80er Jahre sollte auch einen Hoffnungsfunken für diese Chemnitzer Industriebrache entzünden. Das

Wandbilder im Maschinenhaus der Gießerei von Marta Schrag werden eine Attraktion des neuen Sächsischen Industriemuseums.

kleine Hoffnungsflämmchen, hier ein Museum einzurichten, flackerte für ein kurze Weile, um dann noch einmal zu erlöschen. Mitte der 90er Jahre wurde das Feuer aber wieder angezündet und brennt seitdem konstant, wenn auch nach außen hin noch nicht sichtbar. Der Stadtrat in Chemnitz entschied am 3. April 1996, „das Industriemuseum Chemnitz am Standort Kappler Drehe (ehemalige Harlaß-Gießerei) auf dem von der Stadt zu erwerbenden Grundstücksanteil von 12.000 qm zu entwickeln". Ein Museumskonzept wurde erarbeitet und auf dessen Grundlage ein internationaler Architektenwettbewerb ausgeschrieben. 427 Büros aus aller Welt beteiligten sich an der Aufgabe, an der Kappler Drehe ein modernes Museum entstehen zu lassen. Zu den beiden Ortsterminen, die für den Wettbewerb eingeplant waren, kam auf dem Gelände Leben auf. Die auswärtigen Nummernschilder der auf und ab fahrenden Fahrzeuge spiegelten schon damals das überregionale Interesse an diesem großen Projekt wider. Während die Architektenbüros ihre Gedanken formulierten, erwarb die Stadt Chemnitz von der Treuhand-Liegenschaftsgesellschaft das ganze 24.000 qm große Areal, auch, um den Prozeß zu beschleunigen. Im Herbst 1997 stand das Ergebnis des Wettbewerbs fest.

Das junge Architektenteam Pauli & Wermund aus Berlin ging mit seiner Vision vom zukünftigen Chemnitzer Industriemuseum als erster Preisträger aus dem Wettbewerb hervor.
Ein Jahr später ist die Entwurfsplanung soweit gediehen, daß am 29. Juli 1999 der offizielle Baubeginn erfolgte. An der millionenschweren Finanzierung beteiligt sich der Freistaat zur Hälfte , denn das Chemnitzer Industriemuseum soll gleichzeitig Leitmuseum im neu gegründeten Zweckverband Sächsisches Industriemuseum werden. Wenn der Atem nicht ausgeht, so wird sich nach der Jahrtausendwende hier in Kappel an der Kappler Drehe ein modernes Museum präsentieren, das nicht nur die Aufgabe hat, die Vergangenheit der bedeuteten Industriestadt Chemnitz zu dokumentieren, sondern darüber hinaus Ideen zu sammeln und den Mut in die wirtschaftliche Zukunft von Chemnitz zu befördern.

Ansicht der Gießerei, um 1890.

5. ZUR KULTURGESCHICHTE DES VORORTES KAPPEL

Theaterleben in Kappel
Thalia- und Centraltheater

Wie jeder Ort mit einer eigenständigen Entwicklung hat natürlich auch Kappel seine Kulturgeschichte, die von den Bewohnern des Ortes geprägt wurde, aber auch die Menschen prägte und das Kulturbild von Chemnitz wesentlich beeinflußte. An erster Stelle seien die Theater genannt, die sich im 19. Jahrhundert auf Kappeler Flur etablierten. Wie überall, war auch hier das Theater Ausdruck des Ringens nach geistiger Befreiung oder doch zumindest des Bedürfnisses nach geistiger Nahrung und Zerstreuung. Leider hat sich die Tradition der Theater in Kappel nur bis zur ersten Hälfte unseres Jahrhunderts erhalten. Die Errichtung des Opernhauses und der Ausbau des Stadttheaters verdrängten die Bedeutung jener Theater als Spielstätte. Hinzu kamen der zunehmende Verfall der baulichen Substanz, unzureichende künstlerische Ausstattung oder zu begrenzte Zuschauerplätze. Doch all das spielte im vorigen Jahrhundert noch keine Rolle und die Kappeler Theater erfuhren ihre Glanzzeit.

Blick auf die Bühne des Thaliatheaters, um 1910.

Bis Mitte des 19. Jahrhunderts trafen sich Kappeler und Chemnitzer in einer alten Pottaschefabrik gleich am Ortseingang von Kappel, ein Zustand, der trotz aller Freude an der Kunst auf die Dauer unhaltbar war, zumal der Genuß der Theaterkunst immer breiteren Volksschichten zugängig wurde. Im Februar des Jahres 1850 reichte der Theaterdirektor H. Titze aus Löbau ein Gesuch beim Rat der Stadt Chemnitz ein, in der Nähe von Chemnitz ein „Tivoli" oder auch „Sommertheater" errichten zu dürfen. Die Pläne des Löbauers stießen auf großes Interesse, da eine solche Art Theater eine große Neuheit war: ein Sommertheater vermittelte dem Städter das Gefühl von Weltoffenheit „von solchen Theatern hatte man nur in Berlin oder Wien gehört" und nun auch in Chemnitz. Das war natürlich für die theaterbegeisterten Chemnitzer eine große Sensation. Und die Stadt witterte ganz nebenbei noch ein gutes Geschäft. So erteilte sie Herrn Titze die Genehmigung zur Unterhaltung eines solchen Theaters gegen eine Kaution von 400 Thalern. Für jede Vorstellung wurde ein weiterer Thaler Gebühr erhoben.

Zunächst fanden die Theatervorstellungen im Garten der Gastwirtschaft des Gustav Hofmann in der damaligen Äußeren Nikolaistraße (jetzt Zwickauer Straße) auf einer provisorischen Bühne statt. Das Theater erfreute sich großer Beliebtheit, und schon bald sollte sich der Garten als zu beengt und für die künstlerische Vorbereitung ungeeignet erweisen. Dennoch dauerte es noch bis zum Jahre 1865, bevor man ein steinernes Sommertheater, das „Thaliatheater", errichten ließ, daß dem ständig steigenden Zuschauerstrom gewachsen war. Die bauliche Leitung übernahm der damals bekannte Chemnitzer Baumeister Anke.

Centraltheater, um 1905.

Zu Beginn unseres Jahrhunderts gewann Chemnitz immer mehr an kulturellem Nährboden. Theatervereine wurden gegründet, und das Interesse auch der einfacheren Bevölkerungsschichten, vor allem des Kleinbürgertums, an Kunst und Kultur nahm zu.

Ende des Jahres 1901 errichteten fünf Chemnitzer Geschäftsleute mit Privatmitteln an der Zwickauer Straße ein weiteres Theater. Dieser Prachtbau sollte unter dem Namen „Centraltheater" ein ganzes Kapitel bedeutender Chemnitzer Theatergeschichte mitschreiben.

Am 6. Dezember 1902 wurde in einer großen Eröffnungsvorstellung das Theater den Chemnitzer Kunstliebhabern übergeben. Das Theater etablierte sich bald zu einem Zentrum der Kultur und der Unterhaltung. Vornehm ausgestattete Wein- und Bierrestaurants oder Cafes lockten zusammen mit künstlerisch wertvollen Theatervorstellungen eine große Zahl von Zuschauern an. Das Theater verfügte über zwei Ränge und bot mehr als 2000 Personen Platz. Zu den Glanzvorstellungen gehörten unter anderem Aufführungen der legendären Madame Sarah Bernhard mit ihrer Gesellschaft, der Rosa Poppe oder Inszenierungen von Max Reinhardt. Seine Interpretation des „Ödipus" sollte zum Meilenstein Chemnitzer Theaterkultur werden.

Ab 1920 wurden die beiden Kappeler Theater auch von der Chemnitzer Volksbühne als Spielstätte genutzt, wobei man sich schließlich nur noch auf das Centraltheater beschränkte, da der bauliche Zustand des Thaliatheater zunehmend schlechter wurde, und Bühnen- und Zuschauerräume nicht beheizbar waren.

Das Centraltheater wurde in den zwanziger Jahren zum Mittelpunkt der Volksbühne, die kein eigenes Haus besaß und auch auf die Städtischen Theater Altes Theater und Opernhaus ausweichen mußte. In Zusammenarbeit mit dem Generalindendanten der Städtischen Theater, Richard Tauber, konnte die Volksbühne auf ein beachtliches kulturelles Engagement verweisen, das Literatur und Theaterkultur breiten Schichten der Bevölkerung nahebrachte.

Noch erwähnt sei eine andere Art von Theater, die sich allerdings bei vielen Kappelern, und das nicht nur den Kindern, großer Beliebtheit erfreute. Bis in die 60er Jahre gab es an der Gabelsberger Straße, heute Chopin/ Ecke Lützowstraße ein kleines Puppentheater, das vor allem durch die große Hingabe, mit welcher der Betreiber seine kleinen Akteure spielen ließ, bestach und bei Groß und Klein gleichermaßen beliebt war.

Leider zwangen wirtschaftliche Schwierigkeiten und die „Konkurrenz" der Städtischen Puppenbühne den Besitzer zur Aufgabe seines kleinen Unternehmens.

Doch die Kappeler sind nicht nur der Theaterkultur verbunden. Auch die großen Musiker haben es ihnen sichtlich angetan. So trägt ein ganzes Viertel in Kappel die Namen berühmter Künstler wie Chopin, Mozart, Schubert, Lortzing, Richard Wagner, Schumann, Gluck, Liszt, Händel oder Haydn. Viele Häuser zieren dabei Reliefs mit den Portraits der großen Meister. Zu den bekanntesten gehört das Richard-Wagner-Haus.

Volkshaus - Zentrum der Arbeiterschaft

In der Gemeinde Kappel bestand schon vor 1914 eine starke sozialdemokratische Arbeiterbewegung. Darüber informierte sehr ausführlich Ernst Heilmann in seiner 1912 verfaßten Schrift über die Geschichte der Chemnitzer Arbeiterbewegung. Innerhalb von knapp 10 Jahren, zwischen 1903 und 1912, stieg die Mitgliederzahl von 100 auf 670 Genossen. Damit die häufig unerwünschten und geschmähten Sozialdemokraten die Saalnot für ihre Versammlungen überwinden konnten, waren sie bestrebt, eigene Genossenschaftshäuser zu errichten. Der sozialdemokratische Parteivorstand hatte zu Beginn des Jahrhunderts ein Komitee eingesetzt, welches die Versammlungslokale auswählen und für die Veranstaltungen, besonders für die Wahlveranstaltungen binden sollte. Trotz starker Bemühungen blieben die Erfolge aus. Am 30. Mai 1902 gründete der sozialdemokratische Wahlverein eine Volkshausbau-Genossenschaft. Ihr gehörten gleich zu Beginn 500 Genossenschafter an, die zielstrebig ans Werk gingen. Als der Plan zum Ankauf des „Waldschlößchens" in Hilbersdorf gescheitert war, setzte man auf das „Kolosseum" in Kappel.

Schließlich erwarb die Organsation am 1. Arpril 1904 das Kappeler Lokal. Sie ging sofort daran, einen umfassenden Erweiterungsbau vorzunehmen. Man war darauf bedacht, daß auch die Gewerkschaften darin eine Heimstatt finden. Im Jahre 1909 fertiggestellten Volkshaus erhielten die Chemnitzer Gewerkschaftsleitungen und die Organisationen der Metallarbeiter, Textilarbeiter, Buchbinder, Zimmerer in diesem Haus ihre Büros.

Die Zahl der Gewerkschaftsmitglieder stieg in den Jahren von 1909 bis 1911 von 25842 auf 40088. Mit dem großen Anbau, der sich noch heute von dem älteren Kolloseum abhebt, löste die Sozialdemokratie ihre Lokalfrage. Die Saalbesitzer öffneten seit 1902 ihre Räumlichkeiten für die organisierte Arbeiterbewegung, die ohnehin den Gastwirten erfolgreich mit dem Boykott - und dadurch auch mit starken Umsatzverlusten im Bierausschank und Speisen - durch die sozialdemokratischen Bezirksvereine und deren Sympathisanten gedroht hatte. Die obengenannte Schrift von Ernst Heilmann war dem Chemnitzer Parteitag der SPD 1912, der im Volkshaus seine Tagungen durchgeführt hatte, gewidmet.

An diesem Parteitag hatten alle bekannten Führer der deutschen Arbeiterbewegung, darunter auch August Bebel, Karl Liebknecht und Rosa Luxemburg, teilgenommen. Das Volkshaus entwickelte sich zu einem Zentrum des politischen und kulturellen Alltags der Chemnitzer Arbeiterinnen und Arbeiter. Neben den Höhepunkten des Wahlkampfes, bei dem im April 1932 der Führer der KPD, Ernst Thälmann, im Volkshaus sprach, fanden darin immer wieder herrliche Volksfeste statt.

Im Konzertgarten mit den Veranden, dem Musikpavillon, dem Zierbrunnen erlebten die Arbeiterfamilien an den Wochenenden harmonische und schöne kulturelle Veranstaltungen, die vor allem durch Arbeitergesangsvereine,

Theater- und Musikgruppen gestaltet wurden. Mit der Machtergreifung durch die Nazi-Partei wurde das Kulturleben der Arbeiter sowie die sozialdemokratische und kommunistische Tradition in diesem Haus zerstört, das Inventar beschädigt, die Schränke und Räume geplündert. Mit der Verordnung des Reichspräsidenten vom 4. Februar 1933 verfügten die Nationalsozialsten über die Möglichkeit, alle Räumlichkeiten der Arbeiterschaft, wenn dies nach ihrer Ansicht für die Aufrechterhaltung der öffentlichen Sicherheit und Ordnung erforderlich war, zu schließen. Kurz nach der Machtergreifung besetzten die von der NSDAP eingesetzten SA-Trupps das Volkshaus. Die Vermögenswerte, das Grundstück und das Mobiliar wurden beschlagnahmt.

Den „Verein Volkshaus" lösten die Nationalsozialisten auf, seine Löschung wurde beim Amtsgericht am 24. Januar 1934 vorgenommen. In den Jahren 1935 und 1936 erfolgten Zwangsversteigerungen. Die neuen Besitzer erwarben es zu einem Schleuderpreis. Als nach der Zerschlagung der Hitlerdiktatur das Volkshaus zurückgekauft werden sollte, verhinderten die neuen Besitzer dies durch die Forderung, ein „gleichwertiges" Grundstück zu erhalten.

Nach der Überführung in „Volkseigentum" nahmen der FDGB und später die FDJ von dem Haus Besitz. 1989 übernahm die Stadtverwaltung diese Einrichtung. Hier hatte u.a. das Schulverwaltungsamt seinen Sitz. Im Laufe der Jahre siedelten sich Vereine an, die im soziokulturellen Bereich arbeiten. Im Januar 1998 übernahm Kraftwerk e.V. als Trägerverein das Haus und fördert vor allem die Kinder- und Jugendarbeit.

Konzertgarten im Volkshaus, um 1925.

Henry van de Velde in Kappel –
Esche-Villa und Lawn-Tennis-Club

Zu den architektonischen Kleinoden von Kappel gehört ohne Zweifel die Villa Esche, errichtet von einem der großen Architekten des 20. Jahrhunderts, Henry van de Velde. Am Ende der Parkstraße, nahe der Einmündung zur Haydnstraße ließ in den Jahren von 1902 bis 1904 der Chemnitzer Großindustrielle Herbert Esche eine Jugendstilvilla errichten. Das Haus mit seinen Einrichtungsgegenständen und Accessoires ist als Gesamtkunstwerk extra entworfen und errichtet worden. Vom Dach bis zum Keller stellt alles eine architektonische Einheit dar. Die Rekonstruktion des während der DDR-Zeit stark vernachlässigten Gebäudes ist deshalb die Erhaltung eines Denkmals von europäischem Rang. Eigens zu diesem Zweck hat sich ein Kuratorium mit dem Namen „Villa Esche Chemnitz e. V." gegründet, das sich stark für die Durchsetzung der notwendigen Erhaltungsmaßnahmen einsetzt. Gleichzeitig wurde die Bedeutung der Familie Esche für die industrielle Entwicklung Sachsens wieder verdeutlicht. Die 1843 in Limbach gegründete Firma Moritz Samuel Esche verlagerte ihre Produktion 1870 in das aufstrebende Chemnitz, 1886 nach Kappel, und expandierte hier zur größten Wirkwaren- und Strumpffabrikation Deutschlands. Die Geschichte der Firma Esche begann bereits im 17. Jahrhundert. Der Mittelfrohnaer Färber Hanns Esche heiratete 1670 eine Magdalena Winkler und bezog ein Haus an der Hauptstraße 94. Hier wurde der Sohn Johann Esche geboren. 1693 bezog die Familie ein eigenes Haus auf Gemeindeland, siedelte aber bereits 1695 nach Burgstädt über. Johann wurde im selben Jahr zum Dienst

Esche-Villa an der Parkstraße, um 1905.

bei seinem Lehnsherrn Albrecht II. von Schönberg verpflichtet, wo er schon bald zum Leibkutscher avancierte und eine jährliche Entlohnung von sechs Talern sowie freie Kost und Logie erhielt. Bei einer Reise mit seinem Herrn nach Dresden sah er dort einen Strumpfwirkerstuhl, dessen Arbeitsweise ihn dermaßen beeindruckte, daß er ihn zu Hause nachbaute. Bald hatte er genügend Erfahrung im Bau solcher Stühle und konnte einen eigenen Betrieb errichten, der im Verlaufe der nächsten einhundert Jahre sich zum Grundstock einer der bedeutendsten Stätten der Wirkwarenindustrie entwickelte.

Herbert Esche wurde 1874 in Chemnitz geboren. 1899 zog er mit seiner frisch angetrauten Frau zunächst auf die Stollberger Straße 36, 1900 bis 1903 lebte die Familie in einer von van de Velde ausgestatteten Wohnung auf der Kastanienstraße 56, bevor sie 1904 auf die Parkstraße 58 zog. Bereits 1911 starb seine Frau; Esche heiratete nicht wieder. Er starb 1962 in der Schweiz. Die Familien Esche und van de Velde verband eine innige Freundschaft, die sich vor allem auf die Liebe zur Kunst begründete. Ebenfalls längere Zeit Gast im Haus der Familie Esche war der norwegische Maler und Grafiker Edvard Munch (1863-1944), welcher besonders in den Jahren 1903/1994 engere Kontakte mit Esche unterhielt. und dessen Anwesenheit das offene Verhältnis des Industriellen zur Kunst der Belle Epoque dokumentierte. Munch war einer der einflußreichsten Wegbereiter des Expressionismus mit besonderer Prägung der deutschen Malerei. Ab 1894 begann sein grafisches Schaffen, welches besonders bis 1908 in den Berliner Jahren zum Tragen kam. Dabei war er zwischenzeitlich ebenfalls in Paris tätig. 1908 ging er nach einer schweren Nervenkrise endgültig nach Norwegen zurück. Auch die Verbindungen zur Familie Esche schliefen dann nach und nach ein.

Lawn-Tennis-Club an der Goethestraße, um 1910.

Der Vater Herbert Esches, Eugen, vermachte einen Teil seines Vermögens (etwa 300 000 Mark) der „Eugen-Esche-Stiftung", welche an der Forststraße eine Wohnsiedlung für ältere verdiente Arbeiter errichten ließ.

Ein zweites bedeutendes Bauwerk van de Veldes, was sich ebenfalls in Kappel befand, war das Gebäude des Lawn-Tennisclubs an der Goethestraße 9. Leider mußte das Gebäude nach 1945, obwohl nur leicht beschädigt, dem Bau eines Altenheims und anderer Neubauten weichen. Baubeginn war das Jahr 1907, Auftraggeber war der Bruder Herbert Esches, Fritz Esche, welcher bis zu seinem Tode übrigens noch nach dem 2. Weltkrieg in unserer Stadt lebte. Der bauliche Komplex bestand aus einer Zuschauertribüne, einem Torhäuschen, einem dreigeschossigen Haus mit Erfrischungsraum, Lesezimmer, Garderobe, Duschräumen, Gesellschaftsräumen und einer Hausmeisterwohnung.

Zimmermannsche Naturheilanstalten

Unweit des Lawn-Tennisclubs ebenfalls an der Stollberger Straße befand sich die Zimmermannsche Stiftung. Als seine Tochter durch Naturheilverfahren von einer schweren Krankheit geheilt wurde, gründete aus Dankbarkeit der Industrielle Johann Zimmermann 1868 den 1. Chemnitzer Naturheilverein. 1885 ließ er an der Stollberger Straße eine Naturheilanstalt errichten. Auf einem Grundstück von 12 000 qm, das später noch um etliches erweitert wurde, errichtete der Chemnitzer Baurat Hechler ein großes Neorenaissancegebäude. Zimmermann bezuschußte den Bau mit 250 000 Mark. 1901 wurde der Kom-

Zimmermannsche Naturheilanstalt an der Parkstraße, um 1905.

100

plex baulich erweitert und zum Sanatorium ausgebaut. Behandelt wurden Krankheiten der Atmungs- Zirkulations- und Verdauungsorgane, sowie Stoffwechselkrankheiten und Krankheiten des Nervensystems. Eingesetzt wurden Diät, Wasserheilverfahren, Wärme- und Lichtbehandlungen, Luftbäder, Heilgymnastik und Massagen, um nur einige zu nennen. Chefarzt der Einrichtung war um 1900 der Chemnitzer Arzt Dr. Loebel.

Der Claußsche Park – Teil des Chemnitzer Stadtparkes

Ob Teile des Stadtparkes mit zum Vorort Kappel zu zählen sind oder nicht, darüber gibt es strittige Ansichten. In der vorliegenden Darstellung wollen wir davon ausgehen, daß der Stadtpark in Kappel seinen Anfang nimmt. Nicht weit vom Stadtzentrum entfernt, in Höhe der Treffurthbrücke beginnend, zieht sich das Parkgelände über cirka sechs Kilometer Länge bis zum Beginn des Harthwaldes.

Die Anfänge des Stadtparkes reichen bis ins 18. Jahrhundert zurück, als der Chemnitzer Bürgermeister Dr. Gotthold Leberecht Sachse um 1798 erste Pflanzungen vornehmen ließ.

Als eigentlicher Gründer der Parkanlage gilt allerdings der Chemnitzer Stadtrat Ernst Otto Clauss (1843 – 1889). Seit 1886 wurde mit der planmäßigen Gestaltung von Parkanlagen begonnen. Der Park ist als englischer Garten angelegt; nur ein kleiner Teil zeigt eine lineare Wegeführung und beschnittene

Teil des Stadtparkes am Kleinen Teich, um 1900.

Baumformen aus Rot- und Hainbuche. Der für uns interessantere Teil zwischen Stollberger und Beckerstraße bis etwa zum Beginn des Otto-Werner-Gartens ist zugleich der artenreichste als auch der älteste. Sumpfzypressen, rotblühende Kastanien, Rotbuche, Rot- und Sumpfeiche bestimmen hier das Bild. Aber auch eine stattliche Kastanieneiche und sogar ein Tulpenbaum spenden reichlich Schatten auf der großen zentralen Wiese. Der älteste Teil des Stadtparkes, der Claußsche Park, erstreckt sich unmittelbar an der Chemnitz. Aus seinem Baumbestand erwähnenswert sind hier vor allem die großen kanadischen Hemlocktannen, verschiedenfarbige Ahornarten und am Südufer eines kleinen Weihers ein chinesischer Sadebaum, sowie die Umweltbelastungen stark trotzende Blaufichte. In dem Teil südlich der Heinrich-Lorenz-Straße sind es verschiedene Ebereschen , Vogelbeerbäume und eine Reihe Eichenarten, die die Flora charakterisieren. Erwähnenswert auch der große Ginkobaum in der Höhe des Otto-Werner-Gartens am Hauptweg, eine seit 175 Millionen Jahren existierende Art. Auf Grund seines reichen und vielartigen Baumbestandes hat sich hier auch eine umfangreiche Fauna angesiedelt. Neben Teichhuhn, Bleßhuhn, Gebirgsstelze, Specht, Pirol, Wachholderdrossel und sogar der Nachtigall findet sich auch eine große Anzahl von Wasserinsekten wie Ruderwanzen, Wasserskorpion, Libellen, Eintagsfliegen oder Schlammfliege, um nur einige zu nennen.

Ein Stadtteil entwickelt sich

Die Industrialisierung des Ortes im vorigen Jahrhundert hat das dörfliche Bild von Kappel, das vielen anderen Vororten noch erhalten geblieben ist, nahezu zerstört. Heute erinnern nur noch wenige Gebäude an das ehemalige Bauerndorf vor den Toren der Stadt. Neben einer sich ständig erweiternden Infrastruktur und der Errichtung von Häusern nach Art der städtischen Bauten der Gründerzeit wurden besonders nach 1900 auch zahlreiche Gebäude des öffentlichen Lebens errichtet. Zu ihnen gehören unter anderem das Metropol-Lichtspieltheater und das Gebäude der Sparkasse nahe dem Falkeplatz, die durch eine besondere Architektur hervorstechen, die zum einen Jugendstil aber auch Bauhauselemente erkennen läßt. Ebenfalls architektonisch beachtenswert das Gebäude der Sparkasse an der Zwickauer Straße unweit des heutigen Jugendtreffs „Kraftwerk" (vergl. Volkshaus „Colloseum"). Seit Anfang der 90er Jahre bereichert das Dorint-Hotel, hoch oben auf dem Gelände der Nikolaikirche, das kulturelle Angebot des Stadtteiles. Neben seiner Etablierung zu einem Zentrum der Kommunikation zwischen Geschäftsleuten der Stadt und ihren Partnern, hält es für seine Gäste ein abwechslungsreich gestaltetes Angebot kultureller oder kulinarischer Höhepunkte bereit.
Obwohl sich Kappel heute als reiner Industrieort präsentiert und leider auch die vergangenen Jahrzehnte nicht spurlos an seiner Bausubstanz vorübergegangen sind, gibt es doch etliche Oasen der Ruhe und Erholung. Und dazu gehört nicht nur der bereits erwähnte Stadtpark, auch Kleingartenanlagen

Kappel entlang der Bahnlinie landwärts, um 1998.

Seit Mitte der neunziger Jahre, ein neues Stadtbild an der Neefestraße. Hier erbaute die 1. Chemnitzer Baugesellschaft Geschäfts- und Appartement-Häuser.

und Plätze wie die Schrebergartenanlage „Gartenglück", dem Goetheplatz oder zahlreichen begrünten Vorgärten und Hinterhöfen, von den Anwohnern liebevoll als ein Stückchen Natur innerhalb der grauen Steinwüste gepflegt.

Auch alte Menschen finden in Kappel an ihrem Lebensabend ein gemütliches Heim. Bereits seit einigen Jahrzehnten steht das Feierabendheim an der Herderstraße, bei dessen Nebengebäude 1948 die Chemnitzer Gewölbebauweise erstmalig angewandt wurde.

An der Mozartstraße befindet sich ein Altenpflegeheim mit über 50 Betten, welches 1996 durch die Volkssolidarität teilsaniert wurde. Im Oktober 1998 erfolgte die Grundsteinlegung für einen weiteren Neubau in diesem Komplex. Er wird an der Ecke Mozart/Lortzingstraße vom Garten des bereits bestehenden Heimes umschlossen. Damit ist viel Grün rings um das neue Gebäude gesichert, was den Senioren Ruhe und Entspannung garantiert. Das Haus bietet zukünftig 90 Bewohnern Platz. Eigene Wohn- und Eßräume, Sitzplätze, Balkone, eigene Bäder für jedes Zimmer und sonnendurchflutete Flure sichern optimale Wohnbedingungen. Eine hauseigene Küche, Therapieräume, Friseur und Kiosk ergänzen diesen Komfort. Außenanlagen mit Sitzbänken, Grillplatz und viel Grün laden zum Verweilen ein. Nach der Fertigstellung des neuen Hauses wird der letzte Teil des Altenpflegeheimes komplett modernisiert und umgebaut.

6. *ZWEI VILLEN*

Villa Neefestraße / Ecke Katharinenstraße

Die Geschichte repräsentativer Chemnitzer Villen sind fast immer auch ein Stück Chemnitzer Unternehmensgeschichte, meist in dem Sinne, daß der Fabrikbesitzer sich auf dem Firmengelände selbst das Wohnhaus für sich und seine Familie errichten ließ. Allerdings war der Bauherr der Villa Neefestraße 23, der Chemnitzer Kaufmann Eduard Wiede, nicht der Inhaber eines Unternehmens, sondern Teilhaber an Moritz Samuel Esches bedeutender Strumpfwarenfabrik, der damals größten in ganz Deutschland, später Partner von dessen Söhnen Julius und Theodor. Eduard Wiede hatte als Lehrling in Moritz Samuel Esches Unternehmen in Limbach begonnen und sich in bemerkenswerter Weise nach oben gearbeitet. 1859 wurde er Teilhaber. Als 1870 die Fabrik nach Chemnitz verlegt wurde, war es sicher kein Zufall, daß kaum mehr als einen Steinwurf entfernt von dem neuen Fabrikgebäude an der Goethestraße/Ecke

Ansicht der Villa von der Neefestraße aus, um 1999.

Zwickauer Straße (heute Sozialamt der Stadt Chemnitz) Eduard Wiede in der Katharinenstraße an der Ecke zur Neefestraße einen Wohnhausbau erstellen ließ.

Erste Baupläne datieren vom Herbst 1869. Sie zeigen eine neoklassizistische Villa im Palladiostil. Mit einigen Änderungen wurde der Bauantrag am 28. Mai 1872 baupolizeilich genehmigt.

1874 muß die Villa fertiggestellt gewesen sein, denn seit 1874 (bis 1886) wohnte, wie im Jahrbuch des André-Gymnasiums von 1992/93 nachzulesen ist, als Mieter in der 1. Etage der kurz zuvor zum ersten Chemnitzer Oberbürgermeister gewählte Dr. jur. Wilhelm André. Es war dessen erste Chemnitzer Wohnung nach dem Zuzug aus Osnabrück.

Bereits 1879 scheint das Objekt, was den Wohnraum angeht, den Anforderungen nicht mehr genügt zu haben. Umbaupläne sehen u.a. eine Aufstockung vor. Realisiert wird von den Plänen dann jedoch neben wenig bedeutsamen Grundrißveränderungen im Inneren nur die Begradigung der Westfassade unter Verlegung des in dem dort bisher nach innen versetzten Mittelteil der Fassade befindlichen Haupteingangs an die Seite zur Neefestraße hin.

1883 wird an Stelle des Vaters Eduard Wiede sein Sohn Georg Wiede Teilhaber an Esches Strumpfwarenfabrik. Dieser geht 1903 daran, nach den Plänen von Otto Stäber (Chemnitzer „Büro für Architektur und Bauausführung", u.a. Bau des Chemnitzer Krematoriums sowie des heutigen CeBaG-Verwaltungsgebäudes in der Straße der Nationen) die Villa umzubauen. Die Villa erhält, bis auf den heute nicht mehr existenten Anbau einer Veranda mit Austritt an der Seite zur Stollberger Straße, ihr heutiges Aussehen. Auffällig ist der Söller mit Säulen, Austritt und Balustrade darüber, der dem Haupt- und Nebeneingang an der Neefestraße vorgesetzt wird. Die strenge Symmetrie der Fassade wird damit beseitigt, was Gestaltungsprobleme schafft. Im Gebäudeinneren wurden einige Veränderungen vorgenommen, dem Zeitgeist gemäß im Jugendstil. Es ist schließlich die gleiche Zeit, zu der Herbert Esche, seit 1902 Mitinhaber von Esches Strumpfwarenfabrik, sich in der nahegelegenen Parkstraße 58 von Henry van de Velde eine Jugendstilvilla konzipieren läßt (Ausführung 1902/03). Und wenige Jahre später wird Herbert Esches Bruder Fritz unmittelbar an das Grundstücks Wiedes angrenzend an der Goethestraße von eben diesem Henry van de Velde im Jugendstil ein Tennissporthaus, den sog. Lawn-Tennisclub, errichten lassen, welcher bedauerlicherweise nach 1945 trotz nur geringer Kriegsschäden abgerissen wurde.

Die zuweilen etwas eigentümliche Stilmischung des Objektes geht also auf diesen Umbau zurück. Alle Innentüren im Erdgeschoß erhielten Jugendstilbeschläge, die Räume dort zum Teil Jugendstilstuckdecken. Besonders eindrucksvoll ist die Jugendstilstuckornamentik im ursprünglichen Speisesaal. Kommerzienrat Georg Wiede wird in der Festschrift zur Einweihung des Neuen Rathauses von 1911 in einer Liste von Spendern für die Errichtung des Stadttheaters aufgeführt. Er ist auch der Stifter der beiden Monarchenbildnisse „Kaiser Wilhelm II" und „König Friedrich August" des Berliner Hofportraitmalers Alfred Schwarz, die im Ratsaal des Neuen Chemnitzer Rathauses hingen.

Medusenhaupt am Portal.

Die Villa Wiedes verkam nach dem 2. Weltkrieg zunehmend. Die privaten Besitzer verfügten sichtlich nicht entfernt mehr über die nötigen Mittel zur Sanierung. Der Verkauf an die Unitechna GmbH (Außenhandelsgesellschaft der DDR), die das Gebäude der Textima zur Nutzung überließ, führte Anfang der 80er Jahre zu einer umfassenden Rekonstruktion. Jedoch führte aufgrund der sowohl aus heutiger als auch schon damaliger Sicht unverantwortlichen Verdeckung der bereits vorhandenen schwersten Schäden diese in der Folge zu einer weiteren Verschlechterung des baulichen Zustandes. Mit der grundhaften Sanierung in den Jahren 1994 und 1995 konnte das Baudenkmal erhalten werden und ist seither wieder ins Blickfeld vieler Chemnitzer gerückt.

Villa Am Feldschlößchen

Auf einem leicht nach Süden geneigten Plateau auf einer Anhöhe über der damaligen Feldschlößchen-Brauerei (heute „Braustolz") ließ sich zu Beginn des 20. Jahrhunderts der damalige Direktor der Brauerei Paul Theodor Wagner ein Wohnhaus im Stil der Zeit bauen.
Die Brauerei am Fuße des Kappler Hangs existierte seit etwa einem halbem Jahrhundert. 1889 war sie in eine Aktiengesellschaft umgewandelt worden, seit 1900 firmierte sie als „Feldschlößchen-Brauerei Aktiengesellschaft zu Chemnitz-Kappel". Mit dem Erwerb der Mehrheit des Aktienkapitals verband Paul Wagner die Forderung nach Verkauf eines größeren Areals Land des bisherigen Brauereigeländes an ihn zur Errichtung einer Villa für ihn als Direktor der Brauerei. Der Handel kam zustande. Den Planungsauftrag erhielt der mit der

Zimmerflucht in der Feldschlößchen-Villa.

Familie Wagner befreundete Chemnitzer Architekt Wenzel Bürger (1869 - 1946). Bürger hatte sich zu diesem Zeitpunkt (1906) als Architekt der 1899 fertiggestellten Jüdischen Synagoge auf dem Kaßberg bereits einen Namen gemacht. Auf dem damals ca. 15.000 qm großen Gelände entsteht nach den Plänen des Architekten 1907/1908 eine Villa, die nicht nur die Handschrift des Architekten erkennen läßt, sondern durchaus ausgeprägt auch das Naturell des Bauherrn widerspiegeln dürfte. Ohnehin scheint die Fähigkeit, Vorstellungen des Auftraggebers feinfühlig aufzunehmen und realisieren zu können, den Architekten Wenzel Bürger ausgezeichnet zu haben. Davon zeugen neben der Jüdischen Synagoge auch die weiteren Chemnitzer Bauten des Architekten (etwa das Geschäftshaus der „Chemnitzer Neuesten Nachrichten", die „Kammer der Technik" Annaberger Straße 24, die Villa Riemann - zuletzt „Hotel Humboldthöhe") sowie der imposante Bau der Sparkasse im österreichischen Kufstein, der trotz unverkennbarer Jugendstilprägung geschickt alpenländliche Elemente einbezieht.

Der praktische Sinn des Brauereibesitzers ist durchgängig zu erkennen. Prunkhafter Luxus, Verspieltheit, Schnörkel werden sorgsam vermieden zugunsten einer insgesamt durchgehaltenen - allerdings gediegenen - Schlichtheit. Allein der Variantenreichtum der Deckenstuckverzierungen hebt sich davon teilweise etwas ab und mutet von daher an wie eine bewußt überlassene Spielwiese. Hier wechseln sich geometrischer Jugendstil mit einfachsten Grundformen ab, fein durchgebildeter, floraler, in zarten Farben gehaltener Jugendstil mit Kassettendecken: kein Raum ist wie der andere.

Die Villa ist ein Jugendstilgebäude, auch wenn in Details Übergänge der Stilrichtungen sichtbar sind. Türen und Wandtäfelung im Speisesaal weisen reiche Holz-Ornamente des späten Gründerzeitstiles auf; einzelne Fensterbeschläge, wohl später aus Geschmacksgründen ersetzt, sind dem Art déco zuzurechnen.

Die Villa „Am Feldschlößchen" ist als Jugendstilwohnhaus in der Region insofern ein einzigartiges Kulturdenkmal, weil sie vollständig erhalten ist. Das verdankt das Bauwerk nicht nur dem Umstand, daß beherzte Bewohner, Flüchtlinge aus Schlesien, eine Brandbombe, die im 2. Weltkrieg im Treppenhaus einschlug, entschlossen nach draußen beförderten und das Feuer mit bereitstehenden Sandsäcken und Wasser schnell löschten. In den folgenden Jahrzehnten unterblieben nicht wieder gut zu machende Eingriffe in die Substanz des Hauses. Auch vieles, was als überholt oder nicht mehr brauchbar erschien, wurde nicht vernichtet, sondern auf dem Dachboden gestapelt. So ist heute eine Heizkörperverkleidung aus Messing-Elementen nach Entwurf von Richard Riemerschmid erhalten. Alles dies geht auch darauf zurück, daß nach Kriegsende bis Anfang der Neunziger Jahre ein Mitglied der Familie im Haus wohnen blieb. Paul Wagner selbst war bereits 1932 verstorben, seine Frau folgte ihm 1944.

Dennoch befand sich die Villa nach dem Ende der DDR aufgrund des jahrzehntelangen Unterbleibens jeglicher nennenswerten Instandhaltungen in einem außerordentlich beklagenswerten Zustand. Gewissermaßen im letzten

Die Feldschlößchen-Villa kurz nach der Erbauung, um 1908.

Moment, bevor nämlich durch Umnutzung der Charakter des Baudenkmals unwiederbringlich zerstört worden wäre, fand sich ein Käufer, der bereit war, die historische Nutzungsart beizubehalten. Es galt sodann, das Überkommene zu erhalten, sorgsam und zurückhaltend das wenige Fehlende zu ergänzen, aber immer darauf bedacht zu sein, die Gesamtkonzeption keinesfalls zu beeinträchtigen.

Daß es heute nicht mehr möglich ist, Lebensart und Lebensstil des Brauereibesitzers zu konservieren, wird man nicht bedauern dürfen. Tennisplatz, eigener Schießstand und Pferdekoppel, auf dem damals deutlich größeren Hausgrundstück, passen nicht mehr in die heutige Zeit. Das Bedauern beschränkt sich daher darauf, daß die hauseigene Bierleitung von der Brauerei in das Bierfaß im Keller nicht mehr existiert.

Dem Verständnis von einer „offenen Villa" entsprechend stehen Räume heute für Zusammenkünfte Chemnitzer Vereinigungen, insbesondere des geschichtlich-kulturellen Sektors, zur Verfügung.

7. DER HÜTTEN- ODER KAPELLENBERG UND DAS CHEMNITZER JOHANNEUM

Wenden wir unsere Aufmerksamkeit einem Berge in unmittelbarer Nähe des Stadtzentrums von Chemnitz zu. Der Berg und seine Umgebung spielten schon in der frühen Entwicklungsphase unserer Stadt eine wichtige Rolle. Er wird von der Zwickauer-, der Schadestraße und der Chemnitzflußaue begrenzt und erreicht am Goetheplatz 327,8 m über normal. Die vom Falkeplatz abzweigende Stollberger Straße überquert diesen Höhenzug. Wie heißt der Berg denn nun tatsächlich? In der Literatur und auf Stadtplänen finden wir die Bezeichnung „Hüttenberg" ebenso wie „Kapellenberg" gelegentlich auch „Niklasberg" oder „Deubners Berg". Unternehmen wir den Versuch, diese Namensgebungen näher zu beleuchten.

Zu Füßen des Berges befand sich eine der frühesten Chemnitzer Kirchen. Sie war dem heiligen Nikolaus, dem Schutzheiligen der Kaufleute geweiht und existierte wahrscheinlich schon weit vor ihrer Ersterwähnung. Seit dem 14. Jahrhundert wird ihr Kirchhof, 1408 sie selbst urkundlich genannt. Ganz in ihrer Nähe an der Ostseite befand sich die Schule. Um 1580 wird sie eingerichtet worden sein. Den Lese- und Schreibunterricht erteilte sicherlich der Küster. Ab 1613 ist dann ein „Schulmeister" erwähnt. 1828 erhielt die Schule einen Neubau. Kirche und Schule standen auf dem Boden des Ortes Niklasgasse, einem ehemaligen Klosterdorf, das 1844 nach Chemnitz eingemeindet wurde. Die Häuser waren gassenförmig zu beiden Seiten der Zwickauer Landstraße angeordnet und erstreckten sich unterhalb des Nikolaifriedhofes bis nach Kappel. Fast vier Jahrzehnte nach der Eingemeindung von Niklasgasse erfolgte eine Verschmelzung mit der Chemnitzer Schulgemeinde, das alte Schulhaus diente fortan als Wohnhaus. Nach dem Abbruch der alten Nikolaikirche errichtete man 1886/88 an deren Stelle einen neugotischen Rohziegelbau mit hohem schlanken Turm, der im Zweiten Weltkrieg zerstört wurde.

Das Gelände bergan hinter dem Nikolaikirchhof gehörte ursprünglich auch dem Chemnitzer Benediktinerkloster und zur Flur des Dorfes Kappel. 1402 verkauften Abt Nikolaus und der Convent der Stadt mehrere Grundstücke, dazu Teile auch des Berges am Chemnitzfluß. „Czu der Cappellen an achtehalben lehne unde an sechs ruten agkers, des breyte sich anhebet an Hannas Krebissers garten unde wendet an Andres Schultheyßen kindern, dy lenge

111

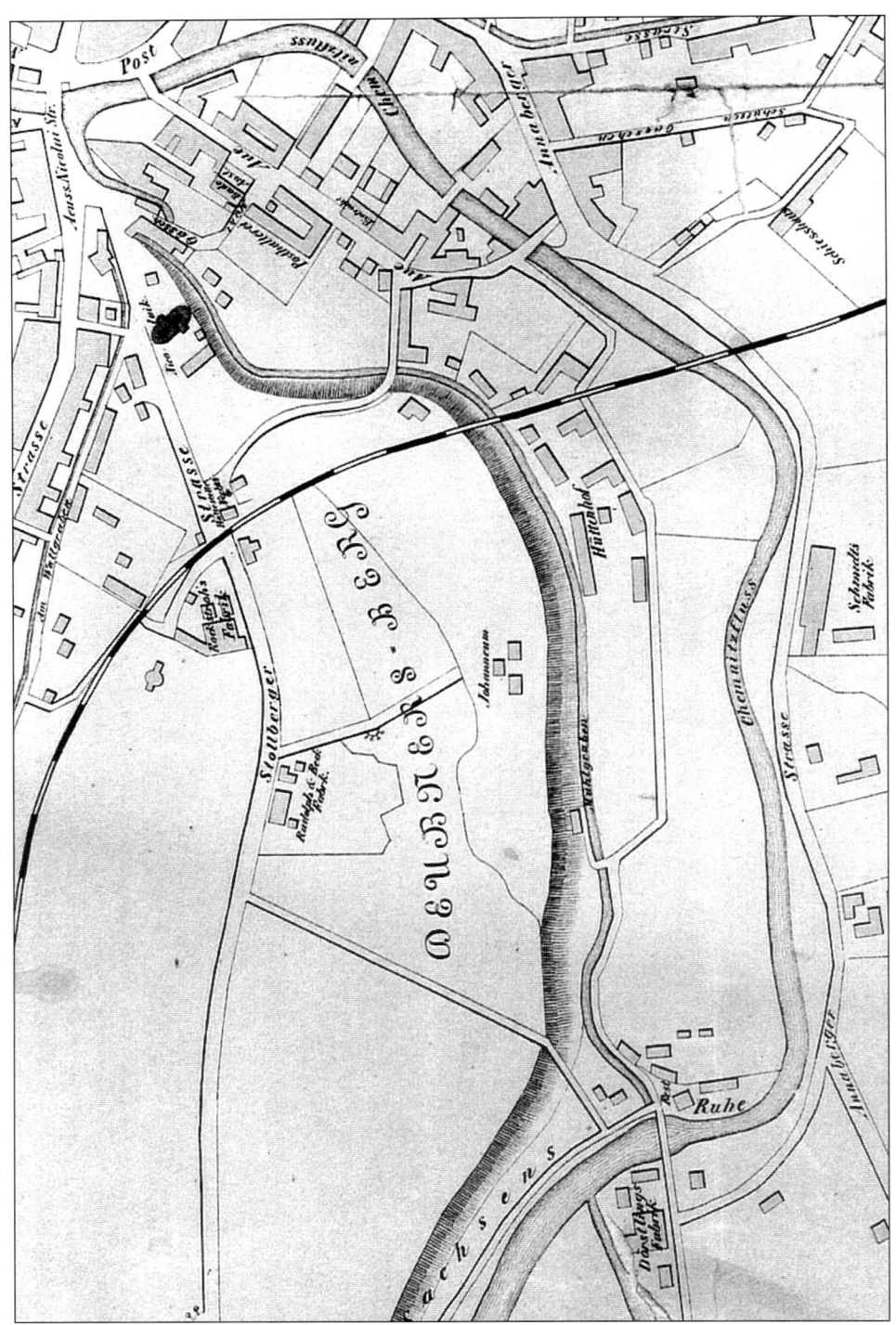

Deubners Berg. Ausschnitt aus Plan von Chemnitz 1862.

112

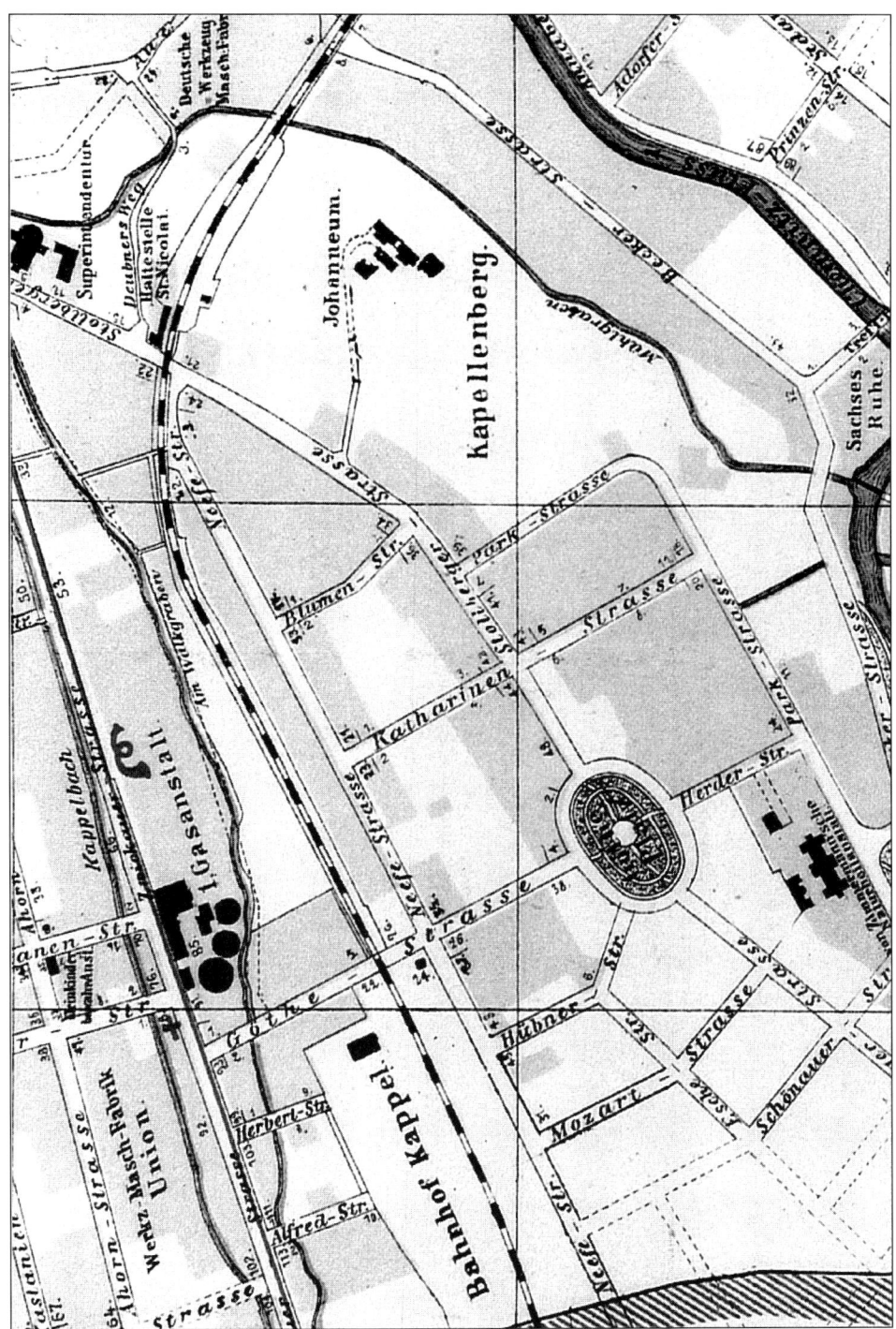

Kapellenberg. Ausschnitt aus dem Stadtplan 1897.

113

an deme dorffe unde wendet an der Kempnicz." Damit bildete sich die Flur der sogenannten Nikolaivorstadt weiter aus. Niklasgasse und die Chemnitzer Nikolaivorstadt sind nicht identisch. Das äußert sich auch im Kirchensprengel. Obwohl die Nikolaikirche in unmittelbarer Nähe war, wurde Nikolaivorstadt nach St. Johannis eingepfarrt. Im Laufe der Jahrhunderte gab es wiederholt Streit zwischen der Stadt Chemnitz, dem Abt des Benediktinerklosters bzw. den Pfarrern von St. Nikolai in Grundstücksangelegenheiten.

Im 15. Jahrhundert erlangte das Gelände um den Berg am Chemnitzfluß große Bedeutung für die frühindustrielle Entwicklung unserer Stadt. Unterhalb der Nikolaikirche und des Kirchhofes befanden sich Färberhäuser, Tuchwalke, Schleifmühle der Sensenschmiede und anderen Mühlen sowie Bleichen und der Holzflößplatz. Beeinflußt von der Konjunktur des Bergbaus, entstanden an der Chemnitz die Saigerhütten von Nickel Thiele /Tyle (1471 - 1488) und Ulrich Schütz (ab 1488 am späteren Hüttenhof). Ulrich Schütz war es auch, dem es 1501 vom Abt gestattet wurde, durch verschiedene Klostergrundstücke einen Mühlgraben zu ziehen. 1811 ließ Christian Gottfried Becker an der Stelle der ehemaligen Tyle´schen Hütte eine imposante fünfgeschossige Spinnmühle bauen. Dieser frühklassizistische Fabrikbau ist im Zweiten Weltkrieg vernichtet worden.

Geheimnisvoll anmutende Löcher sind noch heute als Spuren früherer Bergbautätigkeit erkennbar. Im 18. Jahrhundert führte man diese bergbaulichen Versuche durch. Im südlichen Teil des Berges, nahe der Rößlerstraße, entstand die „Rothe Fundgrube". Zwischen 1708 und 1716 wurden 200 m Gänge in den Berg getrieben, aber der Erfolg blieb aus. Ähnlich verliefen die Versuche bei der „St.- Georg-Fundgrube" um 1710 (hinter der Beckerstraße) und die der „Johannes- zum-reichen-Trost-Fundgrube" (unterhalb Deubners Weg). Schon in früher Zeit, urkundlich seit 1408 nachweisbar, befanden sich auch Steingruben hinter der Nikolaikirche.

Außerdem wurde der Berg im 16. Jahrhundert zur Anlage von Kellern genutzt. Es entstanden erste Aufbewahrungsstätten von Chemnitzer Lagerbier. Obwohl, wie beschrieben, um den Berg eine aktive Nutzung vorwiegend für wirtschaftliche Zwecke erfolgte, blieb der Bergrücken lange Zeit dem Acker- und dem Gartenbau vorbehalten. Bei Adam Daniel Richter finden wir 1743 die Nachricht, daß „ca. 1487 nicht weit vom Hüttenberge eine Kirche, die St. Nicolaikirche genannt, gebaut worden und man hat nach dieser Kirche den Berg St. Nicolaiberg hernach geheißen". Im sog. Trenckmannschen Plan von 1761 sind in dem der Stadt zugewandten Teile des Berges hinter dem Nikolaikirchgelände die Felder des Johann David Seydel (mit einer Scheune) und Friedrich Gottlob Trübenbach sowie kommunale unbebaute Flächen verzeichnet. Auf dem gleichen Plan finden wir nur noch die Scharfrichterei auf dem Höhenzug an der Stollberger Straße. Ansonsten ist auf dem Bergrücken bis zum heutigen Goetheplatz keine Bebauung bzw. weitere Feldeinteilung eingetragen.

Dieser Plan bezeichnet das Gelände als die „Hütten-Berge". Bereits Matthias Oeder hatte um 1600 den „Hüttenberg" eingetragen. Carl August Härtwigs Plan nennt 1828 wiederum den „Hüttenberg", 1846 findet man ebenfalls „Hüttenberg". Wir gehen sicherlich nicht fehl, wenn wir diese Bezeichnung auf die Hüttentätigkeit am Berge zurückführen. Der Stadtplan von 1865 bezeichnet den der Stadt Chemnitz zugewandten Teil als „Deubners Berg".
Seit 1858 trennte die Eisenbahnlinie Chemnitz-Zwickau das Nikolaikirchgelände von der höheren Berglage. Oberhalb, direkt an der Stollberger Straße, befanden sich eine Fabrik und einzelne Wohnhäuser. Für die 70er Jahre finden wir den Berg unbenannt, die Stollberger Straße linksseitig dichter bebaut und die Gegend um den Goetheplatz in Geländeabschnitte / Grundstücke eingeteilt.

Eine neue Bezeichnung für den Berg existiert auf dem Stadtplan von 1885. Während der vordere Teil bis zur Eisenbahnlinie wieder „Deubners Berg" benannt wird, verzeichnet der Plan erstmalig den „Kapellenberg". Es handelt sich um das Gebiet, das begrenzt wird von der Eisenbahnlinie, der Stollberger Straße etwa bis zur Parkstraße und dem parallel zur Chemnitz fließenden Mühlgraben über der Beckerstraße. Die Bebauung wurde nicht nur an der Stollberger Straße dichter, auch die Parkstraße ist schon teilbesiedelt. In diesem Rahmen legte man am 15.09.1886 nahe des Goetheplatzes die „Hübner-Straße" an.

Folgende Darstellung ist der Versuch einer Begründung für diesen Namenswechsel. Am 26. August 1855, anläßlich eines Aufenthaltes des sächsischen Königs Johann in Chemnitz, übergab der Chemnitzer Privatmann Carl Christian Hübner überraschend eine große Summe von 30 000 Talern dem Bürgermeister. Er bestimmte in der am gleichen Tage ausgefertigten Urkunde den Verwendungszweck des Geldes. Es heißt darin, daß er in seinem Testament für die Gründung eines Erziehungshauses nach Art des Rauhen Hauses in Hamburg Sorge getragen habe. Durch eine angemessene Erziehung armer und verwahrloster Kinder solle „manchem Übel der Gegenwart nach und nach doch wohl einigermaßen abgeholfen und für die Zukunft vorgebeugt werden." Die Verwaltung der Anstalt übertrug Hübner einen Verwaltungsrat, dem der Bürgermeister der Stadt Chemnitz vorstand. Dem ursprünglichen Betrag legten die Stadtverwaltung und die Freimaurerloge noch weitere 1 300 Taler zu. Auf Wunsch Carl Christian Hübners und nach erfolgter königlicher Bestätigung erhielt die Stifung den Namen des Königs. Vorzugsweise sollten Kinder Aufnahme finden, die entweder selbst oder deren Eltern in Chemnitz heimatangehörig waren. Bei vorhandenem Platz bestand allerdings auch die Möglichkeit, auswärtige Kinder gegen angemessene Entschädigung aufzunehmen. Die Kinder mußten in der Regel das fünfte Lebensjahr erreicht haben. Sie blieben bis zur erfolgten Konfirmation in der Anstalt. Die zu entlassenen Kinder konnten auf Kosten des Johanneums ein Handwerk erlernen bzw. in einen Dienst gehen. Der Stifter legte großen Wert auf eine dem Familienleben angeglichene innere Einteilung des Hauses; es konnten auch Kinder in fremden Familien untergebracht und finanziell unterstützt werden. Er ordnete an, daß die Stiftung für weitere Gaben offen zu sein habe, die dem Statut im ausgewiesenen Zweck verpflichtet wären. In der ersten Sitzung am 15.10.1855 beschloß der Verwaltungsrat, zur Ausführung des Planes den Ankauf des Hüttenberges für 5 000 Taler, der sich im Besitz des Chemnitzer Bürgers Deubner befand. Auch das angrenzende Feld des Bauern Günter wurde für 4 050 Taler erworben. Damit hatte man das Grundstück hinter dem Eisenbahngelände, oberhalb des Grabens für das Johanneum gekauft.

Der Grundstein für das erste Haus der Anstalt, ein Familienhaus, wurde bereits am 22. April 1856 gelegt, die Einweihung konnte am 26. August des gleichen Jahres erfolgen. Mit zehn männlichen Zöglingen wurde mit der Erziehungsaufgabe begonnen. Ein Lehrer sowie der ökonomische Verwalter des Grundstückes wohnten ebenfalls dort. Hinzu kamen auch die erforderlichen Wirtschafts- und Stallräume. Nachdem der Stifter zwischenzeitlich nochmals eine beträchtliche Summe übereignet hatte, richtete man auch ein Mädchenhaus ein. Der Stiftung flossen außerdem weitere beachtliche Geldbeträge zu.

Im „Verwaltungsbericht der Stadt Chemnitz auf das Jahr 1880" findet sich folgender Eintrag: „Der Stifter, welcher am 12. Januar 1880 verstorben ist, hat in seinem unter dem 15. Februar 1877 errichteten und am 9. Februar 1880 eröffneten Testamtente das Johanneum als Haupterbin seines Nachlasses eingesetzt. Die hierauf der Anstalt zugeflossene Erbschaft im Betrage von 454 885

Johanneum, erstes Familienhaus, erbaut 1856. Einladungsschrift zur Eröffnungsfeier des Johanneum's zu Chemnitz - Chemnitz, 1856.

Das Johanneum, um 1905.

Mark und der vom Stifter bereits bei seinen Lebzeiten gewährte Betrag von 52 500 Talern..." bildeten das unantastbare Stammvermögen der Anstalt. „Dasselbe wurde 1880 auf 530 000,- Mark festgesetzt." Der Statutennachtrag enthielt die Regelung, daß das Stammvermögen niemals angegriffen werden dürfe. Lediglich seien die Zinsen zum Besten der Anstalt zu verwenden.

Vorsitzender des Verwaltungsrates war ab 1855 der Bürgermeister Johann Friedrich Müller. Er begründete 1857 mit der Herausgabe eines ebenfalls dem König Johann gewidmeten Johannes-Albums einen Kapellenbaufonds für das Johanneum. Nach diesem Plan sollte auf dem höchsten Punkt des Johanneum-Grundstückes, fortan „Kapellenberg" genannt, zur seelischen Erbauung eine Kapelle errichtet werden. Es kam nie zu einer Realisierung dieses Vorhabens. Bis zum Beginn des Ersten Weltkrieges betrug der Kapellenbaufonds ca. 30 000 Mark. Durch die Inflation verlor das Johanneum sein Vermögen, einschließlich des Kapellenbaufonds. Aber man bezeichnete den Teil des Berges weiterhin nach einer Kapelle, die nie errichtet wurde.

Bis 1913 ist das Johanneum in der Lage gewesen, sich aus eigenen Mitteln zu erhalten. Der Krieg und seine Folgen hatten es in ähnliche Notlage gebracht, wie vergleichbare Anstalten. Aus Mitteln der Kriegsfürsorge wurden Zuschüsse bewilligt und diese schließlich auf den regulären Haushalt der Stadt übertragen. Noch im Haushaltjahr 1921 erhielt das Johanneum städtische Beihilfe. Zu diesem Zeitpunkt waren in der Anstalt 65 Zöglinge untergebracht, deren Erziehung in den Händen eines vorgebildeten Hauselternehepaares lag und neben dem auch das nötige Haus- und Hilfspersonal wirkte. Der Verwaltungsrat faßte nach der Inflation 1924 den Beschluß, die Grundstücke der Stiftung, die in der Stadt lagen, für den Wohnungsbau aufzuschließen und zu veräußern. Vom Erlös sollte ein neues Grundstück erworben und ein neues Anstaltsgebäude errichtet werden.

Ein passendes Grundstück fand sich in einem vom Kommerzienrat Krautheim angebotenen in Harthau gelegenen Gelände. Die Stiftungs-Oberaufsichtsbehörde bestätigte den Plan und genehmigte unter Ausnahme von den Satzungsbestimmungen den Verkauf des alten Johanneumsgeländes und die Verwertung des alten Geländes durch eine zu diesem Zweck gegründete Grundstückgesellschaft.

1925/26 wurde das neue Gebäude des Johanneums in Harthau, Annaberger Straße, errichtet und im August 1926 eingeweiht. Die Kosten des Neubaus und des Grundstückserwerbs konnten aus dem Erlös des alten Geländes bestritten werden.

Im Zuge der Neuerung wurde angeordnet, daß einzelne Heime nur mit bestimmten Altersgruppen zu belegen wären. In das Johanneum wurden beispielsweise hauptsächlich nur noch Schulentlassene und schulpflichtige Kinder im Alter von 10 bis 14 Jahren aufgenommen. Das alte Johanneumsgrundstück auf dem Kapellenberg wurde nicht vollständig verkauft. Es bestand immer noch die Absicht, den möglichen Ertrag für den alten Stiftungszweck zu verwenden und die Kinder unentgeltlich oder gegen Zahlung eines nur geringen Verpflegungsbeitrages aufzunehmen. Das Gelände am Kapellenberg wurde 1927 und 1930 bewertet, die hieraus resultierenden Grundstückspreise revidierte man 1936.

1925 veröffentlichten die „Chemnitzer Neuesten Nachrichten" den Plan zur Aufteilung und Bebauung des ehemaligen Grundstücks am Kapellenberg. Das Gelände wurde als „Oase der Großstadt" bezeichnet und wie folgt beschrieben: „... man genießt von hier aus ... einen der besten Blicke auf Chemnitz, gewähren doch nur wenige Stellen in der unmittelbaren Nähe des Mittelpunktes unserer Stadt eine so umfassende Totalansicht der großartigen Industriezentrale, wie sie eben vom „Kapellenberg" aus gewonnen wird. Leider ist diese Ansicht nicht vielen Chemnitzern bekannt, da wohl nur verhältnismäßig wenige Einwohner das Gelände des Johanneums betreten haben." 1938 stellte man fest, daß von dem auf dem alten Johanneumsgelände am Kapellenberg gelegenen Baustellen einige verkauft worden sind. Wegen verschiedener anderer schwebten noch Verhandlungen.

Zwei Villenstraßen wurden auf dem Johanneumsgrundstück auf dem Berge konzipiert, der im Verlaufe der städtischen Bebauung seine Bezeichnung veränderte. Diese beiden Straßen wurden benannt, und zwar in Kapellenberg (1928) und Hüttenberg (1933).

8. ZWISCHEN STRASSENBAHNDEPOT UND FLUGHAFEN

Die Anfänge in der Zeit der Postkutsche

Betrachtet man die Vorstädte Kappel mit Niklasgasse als ein gemeinsames Siedlungsgebiet, so wurde dieses von zwei fächerförmig verlaufenden Straßenzügen als erste Verkehrswege erschlossen: Der eine war die „Zwickauische" und der andere die „Stollbergische" Straße.

Die Existenz der Zwickauer Straße wurde bereits im 13. Jahrhundert erwähnt. Jene verlief im Tal des Kappelbaches und folgte dessen Lauf. Hier befand sich auch die erste Ansiedlung von Kappel. Als Teil der „Frankenstraße" verband sie Chemnitz mit Nürnberg über Zwickau, Plauen und Hof. Die Stollbergische Straße zweigte unweit des „Niclasthores" der Stadt Chemnitz in südwestliche Richtung ab und erklomm den Kapellen- und Hüttenberg und führte weiter nach Stollberg und Schneeberg.

Die Straßen waren anfangs nur Fahrwege, welche dem Verkehr mit Pferdefuhrwerken genügten.

Die ersten regelmäßigen Verbindungen zwischen bedeutenden Orten wurden durch die Post ins Leben gerufen, „Reitposten" entstanden zum Transport von Briefen und Paketen. Als auch das Bedürfnis zur Beförderung von Personen herangereift war, kam „Fahrposten" hinzu. Seit 1693 verkehrte zweimal wöchentlich eine solche zwischen Dresden, Chemnitz und Nürnberg.

Sie verließ mittwochs und sonnabends nachts um die zwölfte Stunde die Stadt Chemnitz in Richtung Zwickau und benutzte dabei die Zwickauische Straße. In der Gegenrichtung traf sie montags und donnerstags gegen 9 Uhr abends in der Stadt ein. Mit Sicherheit legte sie im Ort Kappel keinen Halt ein; dies war erst späteren Jahrhunderten vorbehalten.

Die Distanz von 1 Postmeile (=7,5 Kilometer) wurde in einer 3/4 bis 1 Stunde bewältigt.

Zur Beschleunigung der Reise richtete die Post im Sommer 1825 zwischen Dresden und Hof Eilfahrten mit nur wenigen Halten und raschem Pferdewechsel auf den „Relais-Stationen" ein. Eine solche bestand u. a. in Chemnitz am Roßmarkt. Im Gegensatz zu den sonst zweispännig gefahrenen Kutschen waren hier vier bis sechs Pferde vorgespannt.

Eine weitere Postverbindung ging von Chemnitz aus in die seinerzeit bedeutende Bergstadt Schneeberg im westlichen Erzgebirge. Sie verlief über die Stollbergische Straße, welche im Gebiet von Kappel durch unbebautes Gelände führte. Abseits davon befand sich am Hang zur Chemnitzflußaue die Gemeinde Helbersdorf.

Als Postkutschen dienten geschlossene, in Federn hängende „Diligencen." Sie waren für die damaligen Verhältnisse bequem, obwohl eine Reise über die noch unbefestigten Straßen wahrhaft kein Vergnügen gewesen sein muß. Erst in der ersten Hälfte des 19. Jahrhunderts wurden die städtischen Hauptverkehrswege chausseeartig ausgebaut und besser befestigt. Als das Zeitalter der Eisenbahn für Chemnitz anbrach, bedeutete dies noch lange nicht das „Aus" für die Postkutsche, weil ja die Schienenwege nicht in jedem Fall dem Verlauf der Landstraßen folgten. Erst der Benzinmotor-Omnibus löste die über Jahrhunderte hinweg sich behauptende Pferdepost schrittweise ab.

Darüber hinaus betrieben etwa 20 Chemnitzer Unternehmen Lohnkutschen (Droschken) und vermieteten Pferde, mit denen die Fabrikanten von ihren Wohnsitzen aus zu den Produktionsstätten gelangten. Dies betraf letztlich auch Kappel vor den Toren der expandierenden Stadt Chemnitz, wo ab etwa 1850 die industrielle Entwicklung begann.
Für die breiten Schichten der Kappler Bewohner war allerdings diese Art der Beförderung finanziell unerschwinglich und daher nicht diskutabel. Übrigens verschwand die letzte Pferdedroschke im März 1929 aus dem Stadtbild. Seitdem fuhren auch nach und durch Kappel ausschließlich Personenkraftwagen als Taxen.

Die Eisenbahnstrecke nach Zwickau

Das prosperierende Wirtschaftsleben in Chemnitz und seiner Umgebung verlangte schon in der ersten Hälfte des 19. Jahrhunderts nach einem leistungsfähigen Transportsystem. Es galt, die Steinkohle aus dem Zwickauer Becken nach Chemnitz und zusammen mit den Industrieprodukten aus der Stadt weiter zum Elbhafen in Riesa sowie zur ersten deutschen Ferneisenbahn Leipzig-Dresden zeit-, preis- und wegegünstig zu befördern. In entgegengesetzter Richtung sollte Braunkohle aus Böhmen nach Chemnitz gebracht werden. Erst am 1. September 1852 erreichte der erste Zug, von Riesa kommend, die sächsische Industriestadt.
Weitere sechs Jahre sollten vergehen, bevor die „Niedererzgebirgische Bahn" mit der Eröffnung der Strecke Chemnitz - Zwickau (auch „Kohlenbahn" wegen ihrer spezifischen Aufgabe so genannt) am 15. November 1858 vollendet worden ist. Die Strecke verlief parallel zur Zwickauer Straße in der Talaue des Kappelbaches durch Kappel hindurch.

Die Eisenbahn wirkte nun auf die weitere Ansiedlung von Fabriken und auch der Wohnbebauung anziehend. Der wirtschaftliche Aufschwung wandelte das Dorf Kappel allmählich zu einer Industrievorstadt des benachbarten Chemnitz. Zeitgleich mit der Eröffnung der Bahnstrecke entstand ein Haltepunkt mit der Bezeichnung „Nicolaivorstadt", an welchem Personenzüge hielten. Er befand sich damals östlich der höhengleichen Querung der Stollberger Straße. Damit hatte Kappel zusammen mit Niclasgasse einen Zugangspunkt „zur großen

Das erste Empfangsgebäude des Eisenbahn-Haltepunktes Nikolaivorstadt östlich der Stoll-berger Straße. Die Schranken sind im Bild herabgelassen.

Welt" erhalten. Bei diesem einzigen Haltepunkt ist es bis zur heutigen Zeit geblieben, wenn auch in den sechziger Jahren dieses Jahrhunderts im Rahmen der Planung einer S-Bahn eine weitere Haltestelle in der Nähe der Lützowstraße ins Auge gefaßt worden ist.

Für die neu entstandenen Produktionsstätten war es notwendig geworden, Umschlagplätze für Rohmaterial, Brennstoff und Fertigprodukte zu erhalten. Den geäußerten Ansinnen entsprach die „Königlich Sächsische Staatseisenbahn", indem sie 1880 westlich des Haltepunktes für Personenzüge den Kohlen- und Güterbahnhof Kappel einrichtete. Darüber hinaus nutzten Betriebe mit bedeutendem Güterverkehrsaufkommen die Möglichkeit, eigene Anschlußgleise direkt in ihr Gelände zu verlegen. Am bekanntesten waren diejenigen zur Maschinenfabrik Voigt und zur Böhme-Fettchemie.

121

Der Güterbahnhof wurde von der Deutschen Reichsbahn zum Containerbahnhof für das gesamte industrielle Ballungsgebiet umgebaut und im Dezember 1968 in Betrieb genommen. Dadurch sollten sich in der Folgezeit die logistischen Abläufe beschleunigen.

Die anfangs ebenerdige Führung der Eisenbahn mit einer Vielzahl an niveaugleichen und mit Schranken gesicherten Querungen von Straßen erwies sich für die Dauer als hinderlich, weil sich an diesen Stellen stets der Fuhrwerkverkehr staute (Verkehrsstaus gab es also bereits vor 140 Jahren !). Daher veranlaßte die „Königlich-Sächsische Staatseisenbahn", in den Jahren 1903 - 1909 das Niveau der Bahntrasse zwischen dem Hauptbahnhof und Kappel abzusenken bzw. anzuheben. Hier entstanden u. a. die Überführungen an der Stollberger, Reichs-, Goethe-, Schubert-(Haydn-) und Lützowstraße.

Bei dieser Gelegenheit erhielt der Haltepunkt seinen heutigen Standort westlich der Stollberger und Reichsstraße. Hier wurde nach Abbruch des Ballhauses „Elysium" ein ansehnliches Empfangsgebäude des Nikolaibahnhofes (nach der Terminologie der Eisenbahn blieb es aber beim Haltepunkt) errichtet und im September 1906 zur Nutzung übergeben.
Heute ist dies der Haltepunkt Chemnitz-Mitte; seine Bedeutung liegt im Personennahverkehr. Fernzüge mit den Zielen Bayern, Hessen, Nordrhein-Westfalen und (früher) Schlesien donnern auf dem seit 29. Mai 1965 elektrifizierten Teil der „Sachsenmagistrale" hingegen ohne Halt durch.

Der neue Nikolaibahnhof an der Reichsstraße, um 1907.

Kraftomnibuslinien in das Umland

Sachsen verfügte wohl über ein sehr dichtes Netz an Eisenbahnstrecken. Die topografischen Bedingungen erlaubten indes häufig keine Querverbindungen mit Bahnstrecken untereinander. An ihre Stelle traten daher Kraftomnibuslinien. Diese wurden zunächst auf Initiative der Gemeinden eingerichtet.

Auf diese Weise kam am 30. September 1910 die Verbindung von Neukirchen nach Chemnitz zustande. Die Linie hatte am Hotel „Goldener Löwe" am Beginn der Stollberger Straße ihren stadtseitigen Endpunkt. Die Kappler und Helbersdorfer Bewohner hatten überdies am Gasthof „Zum Wind" (etwa gegenüber der Einmündung der Haydn- in die Stollberger Straße) eine Zugangsstelle. Bereits ein halbes Jahr später, am 4. April 1911, wurde die Verbindung Oberlungwitz - Chemnitz eröffnet, welche am Nikolaibahnhof begann und endete. Wegen der befürchteten Konkurrenz zur Straßenbahn bestanden bis zur Reichenbrander Kirche keine weiteren Zwischenhaltestellen.

Die an die Tradition der Postkutsche anknüpfenden Kraftfahrlinien wurden für heutige Vorstellungen mit nicht gerade komfortablen Fahrzeugen betrieben: die hochflurigen Busse der Marken Daimler bzw. Büssing waren vollgummibereift, boten rund 15 Sitzplätze und verfügten über Benzinmotore von 28 bzw. 40 PS. Die Straßen im Stadtgebiet waren zum überwiegenden Teil gepflastert und teilweise sogar mit Teermakadam versehen. Außerhalb der Stadt gab es befestigte, gewalzte Chausseen.

Kriegsbedingt ruhte der Omnibus - Überlandverkehr ab 1914 bzw. 1915. Am 13. Mai 1920 nahm die Neukirchener Linie unter Leitung der „Staatlichen Kraftwagenverwaltung" (SKV) den Betrieb wieder auf, hatte aber nun ihren vorläufigen Ausgangspunkt am Kaffee Lingke unmittelbar neben dem Haltepunkt Nikolaivorstadt. Seit 1927 überlagerte die neue Eillinie Chemnitz - Aue die bis Leukersdorf verlängerte Neukirchener Linie.

Neue Haltestellen entstanden am Falkeplatz, Goetheplatz (Bellevue), an der Haydnstraße, am Flughafen (bei dessen Inbetriebnahme 1926) und an der Helbersdorfer Obstweinschänke (Nähe Scheffelstraße). Erwähnenswert ist der Einsatz von 11 Meter langen Büssing-Doppelstockomnibussen ab 1929. Sie verfügten über 108 zugelassene Plätze und eine Motorleistung von 100 PS. Die 4,10 Meter hohen Wagen konnten die Eisenbahnbrücke an der Stollberger Straße nur auf einer der beiden Fahrbahnhälften passieren und mußten deshalb in einer Fahrtrichtung die entgegengesetzte Straßenseite benutzen - ein heute undenkbarer Vorgang.

Erst im Oktober 1928 wurde die Oberlungwitzer Linie wieder durch Kappel zum Hauptbahnhof geführt. Die Haltestelle befand sich vorerst am Volkshaus Kappel und wurde später zur Ulmenstraße verlegt. Ab etwa 1937 benutzte die ebenfalls zum Chemnitzer Hauptbahnhof verlängerte Buslinie von Bräunsdorf und Limbach den gleichen Fahrtweg. Beide Linien hielten überdies am Falkeplatz. Vomag-Zweiachser und Büssing-Dreiachser, nun mit Dieselmotoren bestückt, gelangten zum Einsatz.

Am 8. Mai 1930 eröffnete die Reichspost eine Kraftwagenverbindung vom Postamt 4 (Schillerstraße) in Chemnitz nach Lichtenstein. Die Busse hielten sowohl am Falkeplatz als auch am Volkshaus Kappel. Etwa 1940 übernahm die Deutsche Reichsbahn die Buslinie.

Die Ereignisse des Zweiten Weltkrieges hatten Einschränkungen im Fahrbetrieb bis hin zur schrittweisen Einstellung aller Linien wegen Reifen- und Kraftstoffmangel sowie Abzug von Fahrzeugen für den Kriegseinsatz zur Folge. Nach dem Zusammenbruch ging als erste die Neukirchener Linie am 9. Juli 1945 wieder in Betrieb. Wenige Tage darauf wurden wieder nach Oberlungwitz gefahren und ab 24. November 1945 auch die Stadt Aue bedient. Die Wiedereinrichtung der Limbach-Oberfrohnaer Linie dauerte allerdings bis zum 20. Februar 1950. Als Ersatz für die einstige Kraftpostverbindung nach Lichtenstein verkehrte ab 19. November 1951 die verlängerte Oberlungwitzer Linie nach dorthin.

Unter der Regie des „VEB Kraftverkehr" begann in den fünfziger Jahren eine stürmische Aufwärtsentwicklung des regionalen Omnibusverkehrs, sowohl in der Anzahl der Linien und deren Inanspruchnahme als auch auf dem Fahrzeugsektor.
Die Industriestadt wirkte wie ein Magnet auf die Einpendler des Umlandes. Neben den traditionellen Linien entlang der Stollberger und der Zwickauer Straße, welche ihre Wege bis Leukersdorf, Jahnsdorf und Bräunsdorf ausdehnten, kamen neue Verbindungen hinzu:
ab 01. Oktober 1961 Chemnitz - Glauchau
ab 30. Mai 1965 Chemnitz - Hohenstein-Ernstthal - Oelsnitz / Erzgeb.

Beide Linien beschränkten sich ab 23. Mai 1993 auf die Bedienung des Abschnittes Chemnitz - Hohenstein-Ernstthal. Die bereits seit Juni 1957 bestehende Fernlinie nach Zwickau hält erst seit dem 28. Mai 1995 in Kappel. Solange die Fernverbindungen von Chemnitz nach Johanngeorgenstadt bzw. Klingenthal betrieben worden sind, bedienten sie entlang der Stollberger Straße einen Teil der Haltestellen der Neukirchner Linie.

Bislang war nur die Rede von den klassischen Bustrassen entlang der Stollberger und Zwickauer Straße. In den Jahren 1925/26 entstand eine für die damalige Zeit moderne Umgehungsstraße zur Zwickauer Straße: die von Kappel bis Mittelbach verlängerte Neefestraße. Doch mußten noch 26 Jahre vergehen, bis die erste Regionalbuslinie hier den Betrieb aufnahm: Seit dem 15. Juli 1952 verkehrt die Linie Chemnitz - Lugau - Oelsnitz und hält seitdem an der Platnerstraße / Fewa-Werke. Stop war hier auch für die am 3. April 1991 eingerichtete Eillinie Zwickau - Hartenstein - Chemnitz, die aber nach einem Jahr nicht mehr gefahren worden ist.

Aus den bereits erwähnten Konkurrenzgründen zur parallel geführten Straßenbahn war die Anzahl zugelassener Haltestellen entlang der Zwickauer Straße begrenzt. Dieser Gesichtspunkt hatte zugunsten optimaler Erschließung des Siedlungsgebietes Kappel in den Jahren ab 1950 keine Bedeutung mehr. So entstanden die Haltestellen Schleifmaschienwerk / Lützowstraße und Straßenbahnhof Kappel.
1988 rückte der Standort Ulmenstraße zur gemeinsamen Regional- und Stadtbushaltestelle Rudolf-Harlaß-Straße (Barbarossastraße).

Der „VEB Kraftverkehr" als Rechtsnachfolger der „Kraftverkehrsgesellschaft Freistaat Sachsen mbH" (KVG) war darauf bedacht, den Fahrzeugbestand auf technisch hohem Niveau zu halten und entsprechend der Bedarfsgröße einzusetzen. Omnibusse aus der DDR-Produktion, d.h. Lowa- und H6B-Zweiachser, welche zum Teil mit Anhänger verkehrten, lösten die Vorkriegstypen Vomag und Büssing ab. Es folgte danach die lt. RGW-Empfehlung in die DDR importierte Palette der ungarischen Ikarus-Modelle als Zweiachser und Gelenkfahrzeuge. Heute setzt die „Autobus GmbH Sachsen - Regionalverkehr" moderne Omnibusse verschiedener Größenklassen der Hersteller Mercedes-Benz, MAN, Neoplan und Ikarus ein.

Mit der Straßenbahn nach Kappel

Zweifellos erfreute sich die Straßenbahn in Kappel und in der ehemaligen Vorstadt Niklasgasse der größten Popularität. Als sie ihre ersten Touren unternahm, gehörte Kappel noch nicht einmal zum Territorium von Chemnitz.
Die Entwicklung begann mit der Pferdebahn, einem in englischer Hand befindlichen Unternehmen (daher auch die ungewöhnliche Gleisspurweite von anfangs 3 engl. Fuß = 915 Millimeter). Seit dem 22. April 1880 fuhren die Wagen ab „Centralbahnhof" bis vorerst zur Nicolaibrücke, dem heutigen Falkeplatz. Erst im weiteren Verlauf desselben Jahres wurde in die Zwickauer Straße ein Gleis mit Ausweichen, an denen sich Wagen begegnen konnten, verlegt. Zeitgleich mußte aber hier noch die öffentliche Abwasserleitung ins Erdreich gebracht werden. Gepflastert war seinerzeit nur die Gleiszone mit beidseitigen Randstreifen.
Am 14. August langte die Pferdebahn an der Flurgrenze von Kappel (an der „Kappler Drehe") an. Das geplante Ziel am Straßenbahndepot Kappel war bauseitig am 10. September 1880 erreicht. Diese Verlängerungsstrecke wurde von diesem Tag an nur sonntags befahren, doch schließlich ab 15. November 1880 täglich. Das Pferdebahndepot selbst bestand aus einem Wagenschuppen

für 20 Fahrzeuge, Pferdestall, Futtermagazin und dem Dienstgebäude. Noch heute sind einige Gebäude, nämlich Pferdestall und Dienstgebäude, vorhanden. Ein Teil des Wagenschuppens war Werkstattzwecken vorbehalten.

Der Fahrbetrieb unterlag in der Anfangszeit einfachen Bedingungen: Die Betriebszeit begann im Sommerhalbjahr um 6 Uhr morgens und endete 10 Uhr abends. Während der Wintermonate waren Betriebsbeginn und -ende um je eine Stunde verkürzt. Die Wagenfolge betrug 16 Minuten. Festgelegte Haltestellen gab es nicht; Fahrgäste gaben ihren Wunsch zur Mitfahrt durch Winkzeichen kund. Der Fahrpreis war entfernungsabhängig von 10... 30 Pfennig je Fahrt gestaffelt. Die nach Kappel fahrenden Kurse trugen ein gelbes Liniensymbol am Dachrand der Fahrzeuge. Die Wagen selbst waren 5,40 Meter lang und boten 10...16 Sitz- und 8...18 Stehplätze. Zu ihrer Fortbewegung diente jeweils nur ein Zugpferd.

1882 übernahm die „Deutsche Lokal- und Straßenbahngesellschaft" in Dortmund die Chemnitzer Pferdebahn. Mit Wagen- und Pferdezukäufen wurde dem wachsenden Verkehrsbedürfnis Rechnung getragen.

Die „Allgemeine Elektricitätsgesellschaft" (AEG) setzte 1890 den Fuß in die Tür, indem sie mit der bisherigen Konzessionsinhaberin fusionierte. Ziel war u. a. die Einführung des elektrischen Bahnbetriebes; denn die Bewältigung der größeren Verkehrsaufgaben wäre auf Dauer mit den „Hafermotoren" nicht durchzustehen gewesen. Unabhängig davon wurde 1892 die bisher zum Depot Kappel verlegte Strecke zum Balletablissement „Wintergarten" im benachbarten Schönau verlängert.

Die Einführung des elektrischen Bahnbetriebes ist vertraglich geregelt worden. Nachdem die technischen Voraussetzungen dafür erfüllt waren und am 19. Dezember 1893 die erste elektrisch betriebene Straßenbahn in Chemnitz auf einer neuen Strecke nach Altendorf in Betrieb ging, fuhr ab 6. Januar 1894 auch auf der Zwickauer Straße die „Elektrische". Ab 6. Februar 1894 bediente sie durchgehend die Linie Schönau - Schlachthof und wurde (bis 1900) zwischen dem Kappler Depot und dem Wilhelmplatz (heute Wilhelm-Külz-Platz) durch Einsatzwagen verstärkt.
Der zweigleisige Streckenausbau war bis 1897 hier abgeschlossen. Nunmehr wurden auch feste Haltestellen eingeführt. Die Fahrgäste hatten ihren 10 Pfennig-Obolus in einen Zahlkasten einzuwerfen; denn „Condukteure" (Schaffner) gab es bis 1905 nicht mehr.

Das neue elektrisch betriebene Nahverkehrsmittel bedeutete einen großen technischen Fortschritt, was sich in der raschen Zunahme der Beförderungszahlen ausdrückte. Überall im Stadtgebiet baute die „Allgemeine Lokal- und Straßenbahngesellschaft" neue Strecken und erweiterte den Fahrzeugpark. Die einstigen Pferdebahnwagen dienten als Beiwagen weiter.

Nicolaibrücke am Falkeplatz um 1895. Während der Triebwagen links im Bild in die Post-straße einbiegt, schwenkt der rechts sichtbare Motorwagen in die Theaterstraße.

Aus der Frühzeit der elektrischen Straßenbahn: ein Triebwagen vor der Kreuzung der Zwickauer mit der Reichsstraße, Blick stadteinwärts um 1905.

Die Kapazität des Kappler Betriebshofes war beizeiten erschöpft. Erweiterungen an Abstellmöglichkeiten waren notwendig, und auch die Bedingungen für die Fahrzeuginstandhaltung genügten den Anforderungen nicht mehr. Der alte hölzerne Wagenschuppen wich bereits 1893 einer massiven Stahlkonstruktion mit ausgefachten Wänden und Satteldach aus Holz - einer typischen Bauweise für Wagenhallen. Die einstigen Pferdeställe wurden zu Abstellhallen für Trieb- und Anhängewagen umgebaut und waren für die Fahrzeuge mittels Schiebebühne bzw. Drehscheiben zu erreichen. In das ehemalige Futtermagazin zog das Materiallager ein.

Als die flachen Anbauten an die Wagenhalle für die Nebenwerkstätten nicht mehr ausreichten, wurde 1898/99 mit einem angepaßten Trakt die bisherigen einzeln stehenden Baukörper zu einem Werkstattkomplex verbunden, wie er noch bis 1995 in Funktion gewesen ist.

Für die Lackiererei, Stellmacherei, Schmiede und Fahrzeugmontage ergaben sich dadurch vertretbare räumliche Bedingungen.

1901 wurde das bekannte dreigeschossige Dienstgebäude an der Zwickauer Straße fertiggestellt. Es diente bis 1995 als Verwaltungssitz des Unternehmens. Als 1908 nach Kauf des Mühlengrundstückes eine neue zweischiffige Wagenhalle für 64 Fahrzeuge fertiggestellt war, löste sich die platzmäßige Beengung zugunsten der Erweiterung von Werkstätten im Betriebsteil Kappel. Der Betriebshof bot nunmehr Platz für insgesamt 92 Straßenbahnwagen. Natürlich waren alle Lösungen mit Kompromissen verbunden. Der Plan, den Betriebsteil Kappel zugunsten einer neuen Hauptwerkstatt in Furth aufzugeben, scheiterte noch vor seiner Umsetzung an den Folgen des Weltwirtschaftskrise. Also hieß es, mit den Gegebenheiten weiter zu leben und die Anlagen intensiver zu nutzen; denn die Ausdehnung des von Kappelbach und Zwickauer Straße begrenzen Geländes war kaum noch möglich.

Nachdem der alte Mühlgraben verfüllt worden ist, richtete die „Straßenbahn der Stadt Chemnitz" 1931 einen Abstellplatz für Omnibusse mit Wagenschuppen und Tankstelle ein. Die älteste Straßenbahn-Wagenhalle von 1893 wurde zur Buswerkstatt umfunktioniert. Erst 1971 verließ der Omnibuspark den Betriebsteil Kappel und bezog andere Abstellflächen. Der letzte Vorkriegs-Neubau war das Gemeinschaftsgebäude mit seinem typischen Uhrentürmchen; es entstand 1935 anstelle einer Mannschaftsbaracke.

Glücklicherweise kam der Betriebshof Kappel bei den Kriegsereignissen glimpflich davon; die entstandenen Schäden waren schnell behoben. Räumliche Zwänge blieben aber selbst nach Überstellung des hier beheimateten Schienenfahrzeugparkes zum Betriebshof Leninstraße (heute Heinrich-Schütz-Straße) bestehen. Die technischen und gesetzlichen Anforderungen an die Instandsetzung der Straßenbahnwagen waren größer geworden und verlangten von den Mitarbeitern der Verkehrsbetriebe hohes Engagement, in all den Jahren die planmäßigen Untersuchungen und Reparaturen trotzdem pünktlich und in guter Qualität auszuführen.

Anlieferung neuer Straßenbahntriebwagen per Pferdefuhrwerk im Depot Kappel, um 1900.

Straßenbahnhof Kappel um 1920, ein Zug der Linie S bedient die gleichnamige Haltestelle.

Zwischen den Haltestellen Lützowstraße und Depot Kappel fährt eine Straßenbahn am Volkshaus (Kolosseum) vorbei, um 1925.

Straßenbahnzug der Linie R an der Kappler Drehe, um 1926. Die Bausubstanz ist im wesentlichen erhalten geblieben; lediglich das Gebäude links im Bild mußte dem Durchbruch der modernen Stadtbahn weichen.

Schmal- und regelspurige Trieb- und Beiwagen aller Typen wurden behandelt, ja sogar die neueste Variobahn ist hier auf ihren Betriebseinsatz vorbereitet worden. Erst 1989 konnten regelspurige Wagen auf dem Schienenweg den Betriebsteil Kappel erreichen. Zuvor mußten alle Überführungen auf Schmalspur-Hilfsgestellen bzw. mittels Tiefladern auf dem Straßenweg erfolgen.

1995 wurde der älteste Chemnitzer Straßenbahn-Betriebshof für die Fahrzeuginstandsetzung aufgegeben. Lediglich die historischen Straßenbahnwagen fanden hier eine neue Heimstatt und halten an Tagen ihrer Präsentation die Erinnerung an ein Stück Nahverkehrsgeschichte wach.
Der Stadtteil Kappel wurde, wie bereits erwähnt, mit der Straßenbahnlinie Schönau - Schlachthof erschlossen. Damit waren alle wichtigen Ziele in der Innenstadt und der Hauptbahnhof errreichbar.
Seit dem 2. Oktober 1898 verkehrte außerdem die Vorortbahn von der Nicolaibrücke durch Kappel, Schönau, Neustadt und Siegmar bis Reichenbrand.

Als ab 1904 anstelle der nur schwer erkennbaren Farbscheiben Buchstaben zur Unterscheidung der Linien eingeführt worden sind, erhielten die durch Kappel fahrenden Linien die Bezeichnungen R und S. Nach mehrfachen Fahrtwegänderungen gab es ab 11. Dezember 1910 die definitive Festlegung:
Linie R   Reichenbrand - Neue Kasernen / Planitzstraße
           als Stammlinie, welche mit 11,14 Kilometern die längste Linie im
           Netz war
Linie S   Schönau - Schlachthof als 5,76 Kilometer lange Einsatzlinie zur
           Linie R.
1927 wechselten die Bezeichnungen von R zu 1 bzw. S zu 2. Die Fahrtwege beider Linien blieben mehr als 50 Jahre in dieser Form erhalten, sieht man einmal von der zeitweisen Verlängerung der Linie 2, ihrer Einstellung, erneuten Inbetriebnahme und Änderung der Bezeichnung in 1ᴱ ab. Erst am 3. Juli 1956 verkehrte die schmalspurige 2 zum letzten Mal.

1963 wechselte das entgegengesetzte Fahrtziel der 1 von der Zeisigwaldstraße nach Gablenz. Wiederum wurde am 15. Mai 1977 gewechselt: von da ab fuhr die Schmalspurlinie 3 von Rottluff nach Siegmar, dazu die Einsatzlinie 13 bis Schönau, Industriewerk während der Berufsverkehrszeiten. Die Schmalspurbahn zog sich am 9. Mai 1981 aus der Zwickauer Straße bis Schönau völlig zurück. Nur noch Überführungsfahrten zu und von der Hauptwerkstatt Kappel waren bis Ende 1983 möglich.

In all den vorangegangenen Jahren rollten mehrere Generationen von Trieb- und Beiwagen die Strecke entlang: die ersten Motorwagen waren 6,6 ... 6,9 Meter lang und faßten jeweils etwa 32 Fahrgäste. Gleiches traf für die beschafften Anhängewagen zu, soweit sie nicht von der Pferdebahn übernommen worden sind. Die Motorleistung war mit 22 kW verhältnismäßig schwach. Etwa 8,1 Meter lange Wagen mit stärkeren Motoren kamen ab 1908 in den Verkehr.

Schrittweise wurde der gesamte Fahrzeugpark ab 1924 durch neue Typen ersetzt und erweitert, welche noch bis 1988 voll im Einsatz standen. Die nunmehr 10 Meter langen Fahrzeuge faßten 60...66 Personen. Die Triebwagen waren 81...95 kW „stark" und dadurch in der Lage, planmäßig zwei Beiwagen mitzuführen.

Schon 1956 stand fest, daß einmal eine moderne regelspurige Schienenbahn in die Industrieregion Kappel, Schönau und Siegmar fahren sollte. Die ersten Planungen der Verkehrsbetriebe verfolgten das ehrgeizige Ziel, die Strecke ab „Kappler Drehe" abseits der Zwickauer Straße nahe zum Kappelbach bis zum Stadtteil Reichenbrand zu führen.
Die Jahre zwischen der Stillegung der Schmalspurbahn und der Betriebsaufnahme der modernen Stadtbahn wurde mit den Omnibuslinien
24   Zentralhaltestelle - Siegmar und
25   Zentralhaltestelle - Schönau (im Berufsverkehr)
überbrückt.

Das 1984 begonnene Bauvorhaben sah neben der eigentlichen Schienenbahntrasse auch die Verbreiterung der Zwickauer Straße bis zur Haydnstraße als Bestandteil des künftigen Straßenerschließungssystems zum Fritz-Heckert-Wohngebiet vor. Am 1. August 1988 nahm die neue Stadtbahnlinie 1 den Verkehr zwischen Schönau und Gablenz auf. Sie wurde bis 3.7.1992 von der Verstärkungslinie 8 Schönau - Stollberger Straße ergänzt. Es gelangten leistungsstarke Drei-Wagen-Züge der Tatra-Bauart zum Einsatz. Ein derartiger 44 Meter langer Zug faßt ca. 260 Personen.
Ganz in Vergessenheit ist eine 0,3 Kilometer lange Zweigstrecke vom Falkeplatz durch die Stollberger Straße geraten. Die Gleise endeten unmittelbar vor den seinerzeit noch zu ebener Erde querenden Eisenbahngleisen. Am 9. Januar 1900 wurde die sogenannte „Bahnhofslinie" zwischen Hauptbahnhof und Nicolaibahnhof in Betrieb genommen. Nachdem die Staatsbahngleise höhergelegt worden sind, trug man sich mit dem Gedanken, die Straßenbahn in Richtung Helbersdorf zu verlängern (auf dem Helbersdorfer Hang sollte nämlich 1917 eine Großausstellung stattfinden), zumindest aber bis zum Goetheplatz zu führen. Der 1. Weltkrieg machte jedoch nicht nur diese Bauabsicht zunichte, sondern zwang sogar zur völligen Stillegung der inzwischen mit N bezeichneten Straßenbahnlinie per 7. Juni 1915. Sie war die einzige, welche nach Kriegsende nicht wieder den Fahrbetrieb aufnahm.

Aber Wunder erforderten manchmal Zeit. Nach 83 Jahren fährt wieder eine Schienenbahn die Stollberger Straße entlang, diesmal in moderner Form: am 2. November 1998 eröffnete die „Chemnitzer Verkehrs-AG" den ersten Teilabschnitt der neuen Linie 4. Der zwischenzeitliche Endpunkt befindet sich in der Nähe des einstigen Flughafen - Abfertigungsgebäudes. Die Streckenverlängerung bis zum Falkeplatz geht etappenweise in den Folgejahren weiter. Hier gelangen Niederflur-Gelenkzüge modernster Bauart zum Einsatz.

132

Endstelle der Linie N auf der Stollberger Straße am Nikolaibahnhof, um 1905, rechts der imposante Bau der neogotischen Nikolaikirche.

Abseits der Zwickauer Straße wird die Stadtbahn seit 1988 unmittelbar am Kappelbach entlanggeführt.

Der städtische Omnibus als Partner der Straßenbahn

Die „Straßenbahn der Stadt Chemnitz" richtete zur Ergänzung ihres Schienenbahnnetzes ab 1922 Omnibusverbindungen ein. Die Stadtteile Kappel und Helbersdorf profitierten erstmals am 28. April 1926 von diesem Verkehrsmittel, als eine Linie Hauptbahnhof - Falkeplatz - Helbersdorf - Markersdorf entlang der Stollberger und Helbersdorfer Straße den Fahrbetrieb aufnahm. Eine 1928 hinzugekommene Einsatzlinie von der Poststraße bis zur Stollberger / Haydnstraße hat sich hingegen nicht bewährt und wurde im selben Jahr wieder eingezogen. Während des 2. Weltkrieges konnte Helbersdorf nicht mehr bedient werden, und erst im September 1951 begann der Linienbetrieb wieder. Die mit D bezeichnete Verbindung ist in den Folgejahren häufigen Veränderungen unterworfen gewesen, was der totalen Umgestaltung des Helbersdorfer Stadtgebietes und der Verkehrsstruktur infolge Neubau des Fritz-Heckert-Wohngebietes geschuldet war.

Zu einer weitaus wichtigeren Verkehrsverbindung hat sich die Liniengruppe 44 / 46 / 55 zwischen der Innenstadt und den Wohngegenden beidseits der Stollberger Straße entwickelt. Zunächst für die Bauschaffenden des Neubaugebietes Kappel (Irkutsker Straße) gedacht, wurde am 6. Dezember 1972 die Linie S (→ 44) bis zur Friedrich-Hähnel-Straße eingerichtet. Bald wurde sie von den neuen Bewohnern angenommen und mußte ab 9. Dezember 1974 durch die Linie U (→ 46) verstärkt werden.

Inzwischen schritt der Bau der Teilgebiete I (Helbersdorfer Hang) und II (am Flughafen) des Heckertgebietes zügig voran. Ihm folgte konsequent die Verlängerung der Linie U bis zum Südring. Gerade dieser Linie kam im Laufe der Jahre die Haupterschließungsfunktion mit Wagenfolgen bis 2 Minuten in Spitzenverkehrszeiten zu. Auf dem vor dem Ikarus - Gebäude vorhandenen großzügigen Terrain spielten sich zahlreiche Umsteigefunktionen zu den Linien D (→ 34) nach Markersdorf, K (→ 38) nach Rottluff und EK (→ 51) nach Siegmar ab. Die Durchmesserlinie S nach Heinersdorf erhielt ab März 1974 während der Berufsverkehrszeiten die Einsatzlinie ES (→ 55) zwischen Friedrich-Hähnel-Straße und Stahlgußkombinat zugeordnet. Die gravierenden Einschnitte in die Wirtschaftsstruktur von Chemnitz führten 1991 allerdings zur Stillegung der Linien 44 und 55.

Vom 5. Mai 1976 bis zum 1. August 1988 verband überdies die Linie L (→ 39) die Neubaugebiete Kappel, Heckert I, II, und V (Morgenleite) über Stelzendorf mit dem damaligen Industrieschwerpunkt Schönau. Heute wird diese Aufgabe zu einem Teil von der Linie 61 wahrgenommen.

Der Umsteigepunkt Friedrich-Hähnel-Straße mußte - bedingt durch den Stadtbahnbau - Anfang September 1993 aufgegeben und nach Helbersdorf verlegt werden. Helbersdorf selbst gestaltete sich mit den Teilgebieten I sowie in der Folge III/IV (Markersdorfer Hang) des Heckertgebietes zu einem weiteren

Die Zeiten haben sich gewandelt: am Stadthaus Falkeplatz wurde um 1930 zwischen der Straßenbahn und der Omnibuslinie nach Reichenhain umgestiegen. An der Gabelung von Stollberger und Zwickauer Straße ist inzwischen ein modernes Sparkassengebäude entstanden.

Ein Büssing-Omnibus fährt um 1935 die Stollberger Straße in Richtung Helbersdorf und Markersdorf bergauf.

Schwerpunkt des Verkehrsaufkommens. Die erste Linie nahm am 5. Januar 1977 mit der Bezeichnung W (→ 49) zwischen der Zentralhaltestelle, dem Industriegebiet Unteraltchemnitz und der neuen Wendeschleife Helbersdorf den Betrieb auf. Sie war dem Wohnungsneubau folgend, sehr flexibel, bis sie schließlich 1984 ihr Endziel im Teilgebiet VII (am Harthwald) an der Burkhardtsdorfer Straße (heute Chemnitzer Straße) erreicht hatte. Umsteigebeziehungen bestehen heute an der Wendeschleife Helbersdorf zu den Linien 38 und 51 sowie zur Stadtbahnlinie 5, deren Strecke auf einem kurzen Stück Helbersdorfer Flur berührt.

Eine weitere Buslinie tangiert seit dem 29. Mai 1978 Helbersdorf: die Querverbindung P (→ 43) von der Stollberger Straße über Altchemnitz, Bernsdorf und Gablenz zur Fürstenstraße. Die Zwickauer Straße wurde und wird nur von wenigen Stadtomnibuslinien befahren; schließlich dominierte hier seit jeher die Straßenbahn. Die von der Flemmingstraße kommende Linie A (→ 31) gelangte als Zubringer zur Straßenbahn am 1. August 1961 zur vorläufigen Endstelle an der Zwickauer / Rudolf-Harlaß-Straße (heute Barbarossastraße), bevor sie ab 15. April 1968 ins Stadtzentrum verlängert worden ist. Schließlich befuhr die Ringlinie L (→ 39) seit dem 3. November 1969 bis Ende Oktober 1995 auf ihrem Weg nach Stelzendorf die Zwickauer Straße. Last not least verkürzte die Linie V (→ 47) für viele Bürger den Weg zum Naherholungszentrum Oberrabenstein; sie hat sich aber seit 1996 nach Schönau zurückgezogen. Beinahe stiefmütterlich ist das Gebiet um die Neefestraße mit Stadtbussen bedient worden. Abgesehen vom Intermezzo einer Berufsverkehrslinie F zwischen Siegmar und dem Hauptbahnhof aus dem Jahr 1951 mit Halt an den Fewa-Werken

Eine „Drehscheibe" des Stadtomnibusverkehrs war der Linienendpunkt Ikarus/Stollberger Straße im Heckert-Wohngebiet während der siebziger und achtziger Jahre.

sowie der zeitweisen Führung der Stelzendorfer Linie L auf dieser Ausfallstraße begann der regelmäßige Stadtlinienverkehr mit Zwischenhaltestellen eigentlich erst am 3. November 1994 mit der „Shoppinglinie" 54, welche zwischen den Einkaufscentern Neefepark und Sachsenallee pendelt. Das jüngst entstandene und von der Neefestraße bzw. dem Südring begrenzte Gewerbegebiet wird seit 1998 von den Buslinien 39, 51 und 54 erschlossen.

Es führte zu weit, Details aller Fahrzeuge zu nennen. Nur soviel sei gesagt, daß in der Phase der lebhaften Aufwärtsentwicklung des Stadtbusverkehrs neben dem H6B-Stadtbus aus der DDR-Produktion und dem tschechischen Skoda - Bus insbesondere Zweiachser und Gelenkomnibusse der Ikarus-Typenreihen das Erscheinungsbild bestimmt haben. Heute sind sie von modernen Niederflurfahrzeugen der deutschen Hersteller Mercedes-Benz, MAN und Neoplan verdrängt worden.

Chemnitz am zivilen Luftverkehrsnetz

Um der Bedeutung der sächsischen Industriemetropole für die Weltwirtschaft Rechnung zu tragen, wurde Chemnitz am 3. Mai 1926 an das öffentliche Fluglinliennetz angeschlossen. Vorausgegangen war der Bau des Flugplatzes, dessen Standortwahl der topografischen Bedingungen wegen nicht einfach gewesen ist, um den vom zuständigen Reichsministerium erlassenen Normati-

Flughafenlandebahn an der Stollberger Straße mit einem für heutige Begriffe winzigen Flugzeug der Deutschen Verkehrsflug AG, um 1930.

ven mit Gesetzescharakter zu entsprechen. Schließlich wurde das Terrain dafür auf Helbersdorfer Flur gefunden, wo Start und Landung in/aus allen Hauptflugrichtungen ohne Hindernisse möglich waren. Eine 600 m x 600 m umfassende verdichtete, ebene Rasenfläche entstand durch umfangreiche Erdmassenbewegung. Außerdem wurden ein architektonisch ansprechendes Abfertigungsgebäude mit Vorfeld an der Stollberger Straße sowie ein Hangar errichtet.

Die beiden ersten Luftverkehrsrouten für Personen, Post-, und Frachtgut waren:
- Nürnberg - Plauen (-Zwickau-) - Chemnitz - Dresden
  (in Nürnberg bestanden Anschlüsse von/nach Süddeutschland, Österreich, Ungarn und der Schweiz - damit war die Verbindung zum Weltluftverkehrsnetz hergestellt)
- Chemnitz - Halle / Leipzig - Braunschweig - Hannover - Bremen.

Ein Jahr später erhöhte sich die Bedeutung der „Baumwollinie" ab Bremen infolge ihrer Verlängerung von Chemnitz nach Prag und verlieh ihr internationalen Charakter.

Betreiber waren die „Nordbayrische Verkehrsflug AG" bzw. die „Deutsche Lufthansa AG". Letztgenannte eröffnete - ebenfalls 1927 - die Fluglinie Berlin - Chemnitz - Karlsbad - Marienbad. 1932 richtete die aus der „Nordbayrischen Verkehrsflug AG" hervorgegangene „Deutsche Verkehrsflug AG" die Flugverbindung Saalfeld / Rudolstadt - Gera - Chemnitz ein; sie wurde allerdings ein Jahr später wieder gestrichen. Die Flugzeuge der Typen Dornier Komet und Jun-

Luftschiff Z 127 am 16. November 1930 über dem Abfertigungsgebäude an der Stollberger Straße als weithin sichtbarer Dominante des einstigen Chemnitzer Flughafens.

kers F 13 waren verhältnismäßig klein und boten lediglich 4 bzw. 6 Plätze. Die Flugmotore leisteten ganze 135 kW.

Angesichts der positiven Entwicklung des Flugdienstes fehlte es nicht an Plänen, die Infrastruktur zu erweitern. Eine Denkschrift von 1928 unterstrich die Notwendigkeit einer Straßenverbindung zwischen der Neefe- und der Stollberger Straße am Rand des Flugplatzgeländes sowie die Verlegung einer Eisenbahn-Stichstrecke von Schönau aus mit unterirdischer Einbindung in die zu erweiternden Einrichtungen für die Passagier- und Frachtabfertigung des Flughafens. Selbst der Anschluß an das Straßenbahnnetz entlang der Stollberger Straße war ins Auge gefaßt worden (erst 70 Jahre später sollte dies Realität werden!). Leider blieb dies damals alles Theorie.

Das Vorfeld des Abfertigungsgebäudes war großzügig gestaltet, was aber erst in den siebziger Jahre für den Omnibusverkehr zum Vorteil gereichte. In den ersten Jahren des Flugbetriebes nach und von Chemnitz vermittelte ein Kraftwagen den Zubringerdienst ab Markt bzw. Hauptbahnhof.

Die Weltwirtschaftskrise bescherte den Fluglinien einen merklichen Rückgang an Passagieren. In Vorbereitung des Zweiten Weltkrieges ruhte der zivile Luftverkehr ab 1936 völlig. Der Chemnitzer Flughafen ist überdies Austragungsort interessanter Flugveranstaltungen gewesen, welche tausende Bürger in ihren Bann zogen. Am 16. November 1930 war eine Sensation zu verzeichnen: das Zeppelin-Luftschiff LZ 127 landete, von Friedrichshafen am Bodensee kommend, direkt in Chemnitz. Flugkommandant war Dr. Hugo Eckener. Eine große Schar Chemnitzer lockte es hinaus, um das technische Wunderwerk zu bestaunen.

Nach Kriegsende benutzten zunächst nur Kurierflugzeuge der Sowjetarmee den Flugplatz. Erst am 1. April 1958 richtete die „Deutsche Lufthansa" (die spätere „Interflug") wieder öffentliche Flugdienste ein:
Es verkehrten auf den Routen
- Karl-Marx-Stadt - Berlin,
- Karl-Marx-Stadt - Leipzig und
- Erfurt - Karl-Marx-Stadt - Dresden
an Werktagen kleine Propellermaschinen des Typs AN-2 mit 10 Personen Fassungsvermögen und 735 kW Antriebsleistung. Hauptanliegen war die Schaffung zeitgünstiger Verbindungen für Geschäftsreisende. Den Zubringerdienst ab/bis zum Hauptbahnhof besorgte ein Kleinbus der Verkehrsbetriebe.
An Sonntagen wurden für 10 (!) Mark Rundflüge über die Stadt und ihre Umgebung angeboten.

Am 31. Oktober 1962 startete die letzte Maschine. Seitdem diente der Flugplatz nur noch der Austragung von Flugsportveranstaltungen. Aussicht für die Wiederaufnahme des Fluglinienverkehrs bestand nicht mehr, nicht zuletzt deshalb, weil die bestehende Start- und Landefläche von Größe und Ausstattung kei-

nesfalls den Bedingungen des modernen Flugbetriebes mehr entsprach - dies
wäre evtl. auf einem neuen in Auerswalde anvisierten Flugplatz möglich gewesen. Konkrete Planungen hat es aber nicht gegeben. 1974 wurde schließlich das Gelände des alten Flugplatzes an der Stollberger Straße für den Bau
des Fritz-Heckert-Wohngebietes freigegeben. Letzter Zeuge der Flugära von
Chemnitz ist das erhalten gebliebene „Ikarus"- Gebäude.

9. DER NIKOLAIFRIEDHOF - STÄTTE DER TRADITION UND ERINNERUNG

Der ehemalige Gottesacker von St. Nikolai und die alte St. Nikolaikirche an der Stollberger Straße (heute das Grundstück des Dorint-Hotels) gehören zu den ältesten Kulturstätten der Stadt. Die Forschugen zur Stadtgeschichte haben in den letzten Jahrzehnten wiederholt auf die große Bedeutung der Kirchen St. Nikolai und St. Johannis als mögliche Zentren für die erste Ansiedlung von Fernhändlern aufmerksam gemacht. Man geht davon aus, daß im Prozeß der Ausgestaltung des reichsoffenen Fernhandelsmarktes die Stadt entstand. Gerne verweist die Literatur auch auf die Urkunde vom 2. Juni 1331, in der sich der Abt Ulrich vom Kloster St. Marien auf dem Berge (Benediktinerkloster) und Heinrich von Waldenburg mit der Stadt Chemnitz über die Abhaltung des Landtings auf dem Nikolaikirchhof einigten. Dadurch konnten die Bürger der Stadt ihre Rechte und Freiheiten, die sie auch gegenüber dem Kloster durchzusetzen hatten, auf dem Landting von St. Nikolai ausstreiten.

Gedenkstein für 108 Opfer des Luftangriffs am 5. März 1945 in Chemnitz.

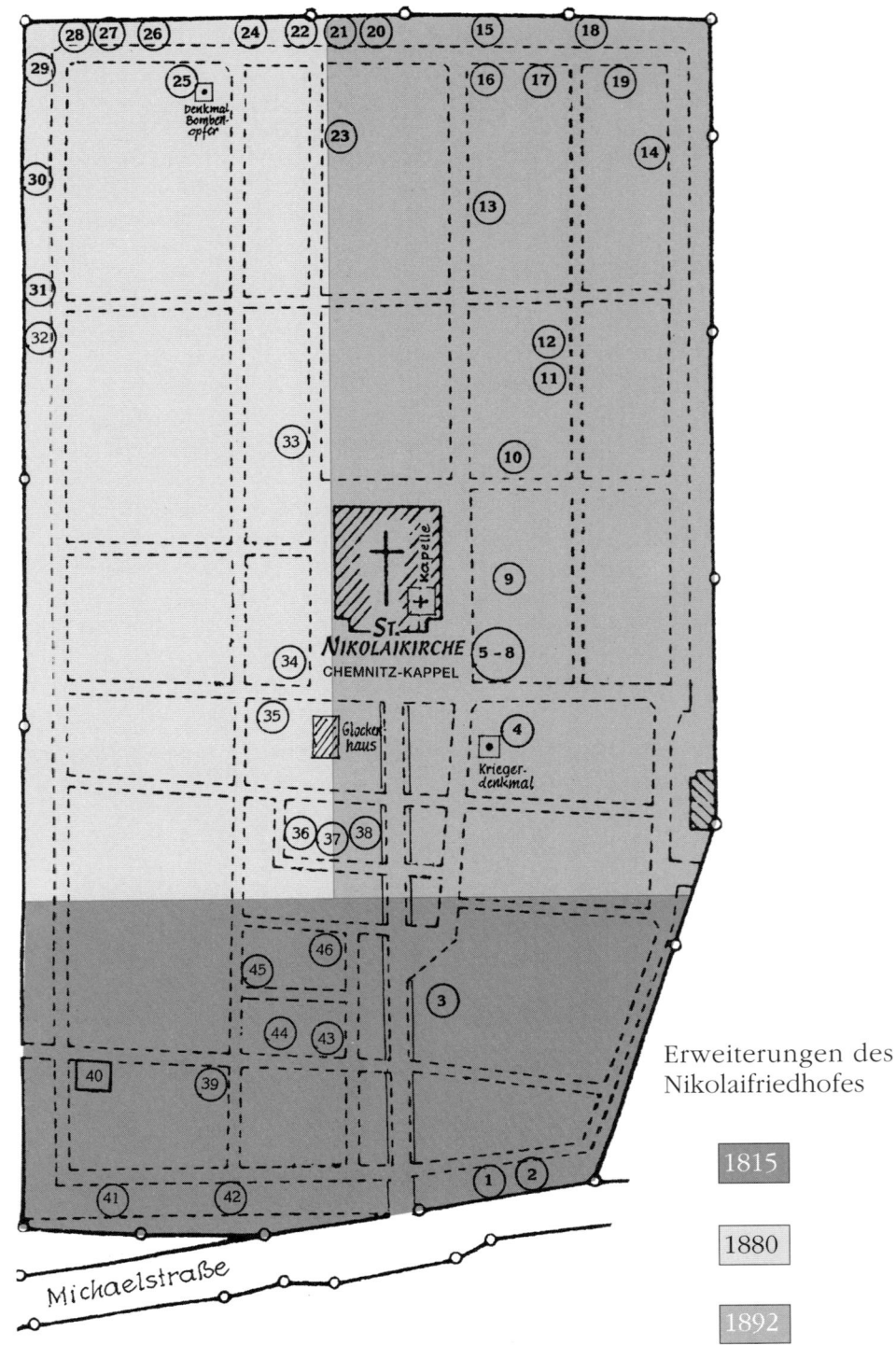

Erweiterungen des
Nikolaifriedhofes

1815

1880

1892

Ausgewählte Grabstätten Friedhof St. Nikolai

 1 Erbbegräbnis Familie Albert Voigt, Albert Voigt: 28.3.1829 - 24.5.1895
 2 Erbbegräbnis Familie Voigtländer/Hößler, Christian Rudolf Eugen Voigtländer:
    5.11.1844 - 31.12.1900
 3 Grabstätte Familie Schiersand, Carl Hermann Schiersand: 4.7.1869 - 16.4.1946
 4 Prof. Dr. Oskar Stöckert und Frau Anna, Oskar Stöckert: 3. 11.1865 - 26.11.922
5-8 Künstlerisch gestaltete Grabsteine, die stark verwittert sind
 5 unbekannt, Grabstein zeigt spielende Kinder und eine ruhende Mutter
 6 unbekannt, Grabstein wird auf seiner Krone von einem Vöglein geschmückt
 7 Gustav Schaffer
 8 Christine Aug. Witzschel, 26.2.1818 - 9.7.1862, einer der ältesten Grabsteine
 9 Probst Prälat Karl Fischer und Angehörige, Karl Fischer: 25.10. 1900 - 2.9.1973
10 Pfarrer Karl Schleinitz und Frau Helene, Karl Schleinitz: 29.4.1871 - 27.2.1925
11 Grabstätte der Familie San. Rat Dr.med. Herbert Walther: 24.8.1908 - 15.12.1981
12 Grabstätte Oberlehrer Rudolf Mütze: 10.12.1886-21.5.1965
13 Grabstätte der Familie Schrag, Marta Schrag: 29.8.1870 - 10.2.1957
14 Erbbegräbnis der Familie Theodor Prippenow
15 Erbbegräbnis der Familie Janssen
16 Erbbegräbnis der Familie Hermann Schultes
17 Erbbegräbnis der Familie Arnold
18 Erbbegräbnis der Familie Alexander Philipp, A. Philipp: 4.4.1845 - 22.3.1910
19 Ludwig Bewilogua, Pfarrer von St. Nikolai: 1869 - 1947
20 Erbbegräbnis der Familie Carl Robert Uhlich, C. R. Uhlich: 8.9.1834 - 29.4.1914
21 Erbbegräbnis der Familie Stärker
22 Erbbegräbnis der Familien Wagner/Hübner
23 Grabstätte der Familie Liebe, Marianne Brandt: 1893 - 1983
24 Erbbegräbnis Fam. Francke, Julius Paulus Pleissner, Marie Pleissner: 1891-1983
25 Gedenkstein für 108 Opfer des Bombenangriffs vom 5. März 1945
26 Erbbegräbnis der Familie Thielmann
27 Erbbegräbnis der Familien Liebschner /Kornfeld,
    Heinrich August Kornfeld: 2.4. 1878 - 24.6.1967
28 Erbbegräbnis der Familie Pornitz
29 Erbbegräbnis der Familie Hösel, Carl Robert Hösel: 14.10.1807 - 4.9.1873
30 Erbbegräbnis der Familie Stadt
31 Erbbegräbnis der Familie Franz August Müller, F. A. Müller: 18.1.1840 - 29.12.1916
32 Erbbegräbnis der Familie Julius Otto Ulbricht: 1.11.1866 - 12.3.1952
33 Erbbegräbnis der Familie Bruno Heim
34 Erbbegräbnis der Familie E.L. Gottfried Blucke
35 Grabstätten der Familien John Fleck, Theo Plank und Erich Pohl
36 Grabstätten der Familien Kramer und Pfefferkorn
37 Grabstätte der Familie Möbius, Albin Möbius: 21 .12.1865 - 25.9.1934
38 Grabstätten von Albin Moser, 18.7.1870 - 20.7.1937, Johanna Moser, geb.Franke,
    12.9.1875 - bis 11.7.1968
39 Erbbegräbnis der Familie Reitz, Johann Heinich Reitz: 20.8.1835 - 27.12.1904
40 Mausoleum der Familie Glaeser
41 Erbbegräbnis der Familie Zschau
42 Erbbegräbnis der Familie Schuricht
43 Erbbegräbnis der Familie Heidl, Amand Heidl: 14.5.1878 - 26.1.1946
44 Grabstätte der Familie Dr. med. Richard Kerber
45 Grabstätte Prof. Dr. sc. Wilhelm Dalicho
46 Grabstätte Dr. med. Heinz Grundmann

Es ist allgemein anerkannt, daß die Friedhöfe die historischen und kulturellen Leistungen ihrer Gemeindeglieder verkörpern. Als Stätten der ewigen Ruhe erinnern die Grabmale mit ihren Inschriften an das Werk der Vorfahren.

Wenn man in unseren Tagen im Innern der Stadt über den Jakobikirchplatz geht, ahnt man kaum, daß sich neben der Jakobikirche der älteste Friedhof der Stadt befand.

Zwischen Zschopauer- und Zieschestraße existierte über Jahrhunderte der alte Johannisfriedhof. Am 28. April 1874 wurde der Städtische Friedhof an der Reichenhainer Straße als Ersatz für den Johannisfriedhof feierlich eröffnet. Noch heute schmückt u.a. das Grab von Christian Gottfried Becker (1771-1820), einer der erfolgreichsten Chemnitzer Unternehmer, in unmittelbarer Nähe der Johanniskirche, die zu einem Park umgestaltete Anlage.

Der alte Nikolaifriedhof befand sich bis ins zweite Jahrzehnt des 19. Jahrhunderts nördlich vor der Nikolaikirche. Er war demzufolge von der Stollberger Straße auf dem Weg zum Gotteshaus zu begehen. Über Jahrhunderte hinweg diente dieser kleine Gottesacker als letzte Ruhestätte für einen großen Kirchenbezirk.

Pfarrer G. Michael schrieb um 1900 in der „Neuen Sächsischen Kirchengalerie" über die Auflösung des alten Nikolaifriedhofes, daß man die Kulturdenkmale weitestgehend entfernt habe. Dabei ist man leider „mit den Denkmälern nicht gerade pietätvoll verfahren." Als 1859 die Umfassungsmauer vom alten Friedhof abgebrochen wurde, rettete man wenigstens das mit der Jahreszahl 1773 versehene Relief (von einem unbekannten Bildhauer) mit dem heiligen St. Nikolaus (rechts) und dem auferstandenen Jesus Christus (links). Das künstlerisch gestaltete Relief, das die Friedhofsmauer schmückte, überstand auch den Bombenkrieg 1945. Es befand sich im Eingangsportal der am 7.März 1888 geweihten Kirche und schmückt auch heute wieder die neu geweihte Kirche von St. Nikolai-Thomas.

Denkmal für die Opfer des Ersten Weltkrieges.

Pfarrer Johannes Nicolai, der sich vor dem Ersten Weltkrieg mit der Geschichte der Chemnitzer Friedhöfe befaßte, schrieb in den Mitteilungen des Vereins für Chemnitzer Geschichte: „Bei der Begrenztheit des Raumes wurde der (alte G.R.) Nikolaifriedhof, auf dem außer dem Ortsteil Niklasgasse auch die eingepfarrten Dörfer Altendorf, Kappel, Neustadt und Helbersdorf beerdigten, bald zu klein."

Der Übergang zur Industriellen Revolution, die damit verbundene Expansion der Stadt und die starke Zunahme der Bevölkerung ließen die alten Stadtmauern fallen. Die Kirchgemeinde zählte um 1810 etwa 1500 Seelen. Diese Größenordnung verlangte vom Kirchenvorstand, eine Entscheidung zu finden, die auf die nächsten 30 Jahre gerichtet war.

Im Mai 1812 erörtete der Pfarrer Johann Gotthelf Gräfe von St.Nikolai in einem Schreiben an den Superintendenten Fr. Aug. Unger und den Hofrat und Justizamtmann Joh. Fr. Carl Dürisch die Situation auf dem „zeitherigen Gottesacker". Da dieser für

Ruhestätte der Familie Schultes.

die zahlreichen Beerdigungen nicht mehr ausreichte, hatte man schon einen Teil des Pfarrgartens dafür in Anspruch genommen. Nach allen Erwägungen reichte auch dieser Platz nahe der Kirche und der in der Vorstadt angesiedelten Bürger nicht mehr aus. Überdies sei der Boden so steinig, daß bei starkem Frost die Grabstätten nicht tief genug ausgehoben werden könnten. Schließlich lehnte Pfarrer Gräfe die Erweiterung des Nikolaifriedhofes auf den Pfarrgarten auch aus gesundheitlichen Gründen ab. Er schrieb: „Da nun der vorgeschlagene Begräbnisplatz fast mitten unter menschlichen Wohnungen sich befindet, gegen Westen liegt, von daher die meisten Zugwinde streichen, so sind die so nahen Ausdünstungen der Gesundheit und dem Leben der Umgebenden wohl ganz gewiß nachtheilig, worüber das Urtheil des Herrn Physici allhier ergebenst erbeten wird." Der Pfarrer empfahl schließlich: „Es ist dahero in dieser so dringenden Angelegenheit wohl kein anderes Mittel übrig, als auf den Ankauf eines geräumigen Platzes zu obigen Behuf in einer freyen Lage, außer den Vorstädten (d. h. außerhalb der Niklasgasse und Kappel G.R.) Bedacht zu nehmen, wobey das ansehnliche Kirchenvermögen in gegenwärtigen bedrängten Zeiten, Vorschußweise, sehr wohlthätig mitwürken könte. Wie könte auch ein Beytrag beßer angewendet werden als zu den Ankauf eines anständigen Ruheplatzes für verstorbene Christen, durch welche das Kirchenvermögen entstanden ist."

Die Lage auf dem alten Friedhof war, wie wir aus den Quellen erfahren, sehr kompliziert. An anderer Stelle berichten die archivischen Unterlagen, daß man die Leichname nach vier bis fünf Jahren wieder ausgraben müsse, um den not-

Ruhestätte der Familie Schrag.
Die Malerin Marta Schrag (1870 - 1957) wurde
1950 Ehrenbürgerin der Stadt Chemnitz.

wendigen Platz für die Toten zu schaffen. Wiederholt wandte sich Superintendent Unger am 7. Januar 1814 an Hofrat und Amtmann Dürisch mit dem Anliegen, baldmöglichst den neuen Friedhof mit den nach St. Nikolai eingepfarrten Kommunen anzulegen.

Der neue Nikolaifriedhof wurde nach dieser immer wieder dringlich geschilderten Situation am 21. Mai 1815 eröffnet. Als künftigen Platz für die Totenruhe hatte die Gemeinde das auf Altendorfer Flur gelegene Pfarrgut von Nikolai gewählt. Da aber der kirchliche Gemeindebezirk weit über den kommunalen Gemeindebezirk von Kappel und Niklasgasse hinausreichte, gab es mit der Anlage des neuen Gottesackers in Altendorf keine Probleme, zumal es sich um kircheneigenen Grund und Boden handelte.

Im 19. Jahrhundert wurde der Friedhof mehrfach erweitert. Durch einen Vergleich der vorhandenen Stadtpläne ist die Vergrößerung des Kirchhofes ab 1880 erkennbar. Zunächst umfaßte er nur den vorderen Teil an der heutigen Michaelstraße. Wir können davon ausgehen, daß der Friedhof einige Jahrzehnte seinen Zweck für die Gemeinde St. Nikolai erfüllte. Allerdings begann man in Helbersdorf schon 1817 mit der Beisetzung auf kommunaler Flur. In Neustadt hatte man 1856 und in Altendorf 1890 einen neuen Friedhof angelegt. Als 1892 die St. Nikolaikapelle errichtet wurde, erhielt auch der Friedhof seine heutige Größe.

Der neue Nikolaifriedhof, der nun schon seit 184 Jahren existiert, spiegelte und spiegelt wie kaum ein anderer Chemnitzer Friedhof, vor allem mit seinen Erbbegräbnisstätten die Würde großer Unternehmerfamilien wider.
Neben längst vergessenen Personen fanden im 19. und 20. Jahrhundert Chemnitzer Persönlichkeiten auf diesem Friedhof ihre letzte Ruhestätte, denen man auch künftig gedenken möge.

Erwähnt sind die Namen der Familien Gaitzsch, Peters, Diehl, Voigt u.a., um nur einige zu nennen. Die Familie Gaitzsch besaß seit 1821 die Nikolaimühle am Eingang zur Stollberger Straße (links). Die Unternehmerfamilie Peters betrieb seit 1811 an der Zwickauer Straße/Ecke Reichsstraße eine der ersten chemischen Fabriken in Sachsen und eine damals sehr moderne, beliebte Badeanstalt. Der Begründer der heutigen Werkzeugmaschinenfabrik „Union" war David Gustav Diehl. Er hatte 1864 seine erste Fabrik an der Zwickauer Straße errichtet. Fürchtegott Albert Voigt brachte den Stickmaschinenbau nach Kappel. Er schuf ebenfalls an der Zwickauer Straße 1866/1867 die bekannte Maschinenfabrik Kappel. Die als Mausoleum errichtete Gruft der Familie Glaeser gehört zu den markanten Grabstellen des Nikolaifriedhofes.

Mit den Grabstätten werden demokratische, freiheitliche Traditionen weit über den Rahmen der engeren Familie hinaus bewahrt. Stadtbekannte Künstler wie Marta Schrag, Gustav Schaffer, Hans Münnich, Architekten und Baumeister wie August Kornfeld, Beier und Müller ruhen auf dem Nikolaifriedhof. Die Metalldesignerin des Bauhauses, Marianne Brandt fand in der Grabstätte ihrer Familie die letzte Ruhe.

Die Arztfamilien Dr. Herbert Walther, Dr. med. Heinz Grundmann, Dr. med. Richard Kerber, Dr. med. Franz Voigt u. a. sowie die Lehrer Studienrat Walter Epping (von dem NS-System 1933 aus dem Schuldienst geworfen), Studienrat Prof. Dr. phil. Kurt Göbel und Oberlehrer Rudolf Mütze (beide haben nebenberuflich verdienstvoll an der Chemnitzer Stadtgeschichte gearbeitet), Marie Luise Pleißner (eine Lehrerin, die mutig dem Nationalsozialismus entgegentrat und nach 1945 aktiv an einer demokratischen Neuordnung mitwirkte) und Hermann Schiersand (viele Jahre Stadtverordneter und von 1929 bis 1933 auch Stadtverordnetenvorsteher) haben hier ihre letzte Ruhe gefunden. Zu den bedeutenden Persönlichkeiten gehören auch die Pfarrer Karl Schleinitz und Ludwig Bewilogua. Es ist im Rahmen dieses Beitrages gar nicht möglich, alle Persönlichkeiten, die der Nikolaifriedhof zusammengeführt hat, zu erwähnen. Vielleicht gibt er aber doch eine Anregung, mehr als bisher diese Kulturstätte in das Erbe der Stadtgeschichte aufzunehmen.

Für die Erbbegräbnisse, die wahrscheinlich schon mit der Anlage des Friedhofes entstanden, galt die Regelung, daß sie nach 75 Jahren ablaufen. Ab 1941 wurde eine Frist von weiteren 75 Jahren durch den Kirchenvorstand genehmigt. Damit ist die Zeit bis zum Jahre 2016 festgelegt. Leider haben aber auch einzelne Familien die Begräbnisstätten in den letzten Jahren aufgegeben. An die Opfer des Ersten Weltkrieges der Ge-

Mausoleum der Unternehmerfamilie Glaeser.

147

meinden St. Nikolai und St. Thomas erinnert das Ehrenmahl am Hauptweg zur Kirche. Über 8000 Väter und Söhne der Stadt Chemnitz mußten in diesem mörderischen Krieg ihr Leben geben. Die Namen der Kriegsopfer von St. Nikolai und St. Thomas sind eingemeiselt. Ob sie jemals gezählt wurden, ist ungewiß. Doch sich ihrer zu erinnern, ist eine Verpflichtung für die Nachwelt.

Die Pläne für das Denkmal entstanden 1921. Sie hatte der Bildhauer Arthur Hans, der für Friedhofsarchitektur bekannt war, in Kappel wohnte und arbeitete, entworfen. Die gebrochene, tote Kriegergestalt auf dem Denkmal schuf der akad. Bildhauer Manfred Gruner. Seine Werkstatt befand sich ebenfalls in Kappel. Am 8. Oktober 1922 wurde das Denkmal durch Pfarrer Karl Schleinitz geweiht.

Der Nikolaifriedhof zu Chemnitz.

Als hätten Engelshände ihn vom Himmel
Herab auf Erden hingebreitet leis
Zur Freude stiller, ernster Menschenkinder,
Die gern mit ihrem Sinnen einsam geh'n,
So liegt in meiner Heimat Fluren ein
Verträumter Friedhof da. Hier wohnt der Frieden.
Hoch steht der blaue Himmel über ihm,
An dem die weißen Wolken friedlich wandeln,
Die Sonne sendet ihren goldnen Schein
Auf seine Gräber hin. Und holde Träume
Umschweben seine reichbelaubten Bäume,
Die leis und lind im Frühlingswind sich wiegen.
Und Friede! Friede! flüstert jedes Blatt;
Die Vögel singen in den stillen Lüften
Fast scheu ihr altes Lied. — Hier ist der Tod
Nicht wild. hier ist er nur ein Schlaf. Mein Ohr
Vernahm die tiefen, leisen Atemzüge
Der stillen Schläfer in der kühlen Erde.
Ein Lächeln spielt um ihre bleichen Lippen,
So friedlich, wie's das Leben nie uns gönnt ....
Oh, solch ein Schlaf Wie sehn' ich mich nach Dir!

cand. phil. Paul Krüger-Chemnitz
Gef. am 26. März 1918.

Gedicht aus dem Chemnitzer Kalender von 1920.

10. STRASSEN UND IHRE NAMEN

Noch im Jahre 1844 kennt man in Kappel keine Bezeichnung für Straßen und Gassen. Ordnungsprinzip waren die damals geltenden Nummern der Flurstücke. Erste Benennungen findet man in den Flurbüchern ab 1879 mit „Chausseen" nach Zwickau und Stollberg, sowie „Communicationswege" nach Helbersdorf (Lützowstraße) und Altendorf (Michaelstraße). In einer Skizze von 1876 wird die Zwickauer Straße als Hofer Chaussee und die Bachgasse als Sommerweg bezeichnet. 1879 wurde die Kappler Flur neu aufgenommen. Die inzwischen mehrfach geteilten Flurstücke wurden nummeriert und im Kataster elf Straßen und Gassen mit ihrer damaligen Länge erfaßt. Im Jahre 1887 beschäftigte sich der Gemeinderat des öfteren mit der Neubenennung von Straßen und der Anbringung von einheitlichen Straßenschildern. Er beschloß weiter, daß die Hausnummern einheitlich gestaltet und Nummern über der Haustür, am sogenannten „Thürsturz" eines Hauses, bzw. an der Vorderfront des Hauses anzubringen seien. Die Hausnummern waren in weißer Schrift auf blauem Grund gestaltet. Die Benennung der Gassen und Straßen ist von einer gediegenen Systematik und Kontinuität geprägt. Umbenennungen erfolgten nahezu ausschließlich durch die Eingemeindung von Kappel in die Stadt Chemnitz am 1. Oktober 1900, sowie in den Jahren 1907 und 1950, als weitere Vororte eingemeindet wurden. Bei der Wahl der Namen kann man deutlich vier Gruppen unterscheiden:

Ziel- bzw. richtungsweisende, territorial bestimmte Straßen,
bedeutende Persönlichkeiten aus Wirtschaft, Politik und Kirche, die in
      Kappel und Chemnitz sowie darüber hinaus gewirkt haben,
bedeutende Komponisten, Dichter und
bedeutende Staatsmänner und Heerführer aus der Zeit der Befreiungs-
      kriege von 1813.

Ein interessante Geschichte hat der S-förmige Verlauf der Zwickauer Straße heute allgemein als „Kappler Drehe" bezeichnet. Bis zum Jahre 1812 ist der Straßenverkehr durch Kappel am Bachgrund verlaufen und mündete etwa in Höhe des heutigen Hauses Nr. 178 in die Zwickauer Straße. Der jetzige Verlauf ist erst zur Zeit des Durchmarsches der französischen Truppen, auf ihrer Flucht westwärts, im März 1812 entstanden. Die Gestaltung der Vorderseiten und die Anlage der Einfahrten der Häuser Am Feldschlößchen 11 und 13 nach dem Bach zu, könnte diese Annahme stützen. Im Frühjahr kann durch vorübergehend starken Wasserfluß der Bachgrund unpassierbar gewesen sein und die Truppe (ca. 150.000 Soldaten, mit zahlreichen Geschützen und großem Wagenpark) hat sich über südlich vorhandene Fuß- und Feldwege einen neuen Weg gebahnt.

Sicher ist, daß diese Trassierung erst erfolgte, als die Güter von Krumbiegel, Scheibner und Weber bereits bestanden. Sonst hätte die Straße nicht eine so starke, um 80 Meter versetzte, Krümmung erhalten. Einst war die „Kappler Drehe" ein bedeutender Kreuzungspunkt, an dem in nördlicher Richtung die Michael-, und in südlicher Richtung die Haydnstraße die Zwickauer Straße kreuzten.

Jetzt sollen die neuen Grenzen des heutigen Stadtteiles beschrieben werden, wobei diese Aufstellung der Gebäude- und Wohnungszählung aus dem Jahr 1995 folgt:

„Ausgangspunkt: Einmündung Am Feldschlößchen in Zwickauer Straße. Am Feldschlößchen (Straßenmitte); Straßenbahnlinie Richtung Zentrum bis Zwickauer Straße; den nachstehend verzeichneten Straßen (jeweils Straßenmitte) folgend: Zwickauer Straße, Haydnstraße, Stollberger Straße, Südring, Neefestraße, Neubauernweg; Bahnlinie Zwickau stadteinwärts; Bach von Bahnlinie Zwickau zur Kohlstraße; Kohlstraße (Straßenmitte) bis zum Ausgangspunkt."

Im folgenden werden die Straßen des Stadtteiles Kappel mit Stand 1992/1993 aufgelistet. Sie sind alphabetisch geordnet. Straßen ohne laufende Nummerierung existieren heute nicht mehr bzw. sind in andere Stadtteile eingegliedert. Nach dem Namen steht das Jahr der erstmaligen Erwähnung. Namen, die im Kataster von 1879 erfaßt sind, werden mit der damaligen Längenangabe ausgewiesen. Auf die Erläuterung der Namenspatrone vor 1879 wird verzichtet, da diese sich in der Regel auf bekannte sächsische bzw. preußische Dynastien beziehen.

Straßenverzeichnis

Albertstraße, 1879, 94 m, siehe Steinstr.

1. **Am Feldschlößchen**, 1900, Nr. 1 - 17,
   bis 1900 Mühlgasse
   Von der Kappelbachgasse zur Feldschößchen Brauerei

2. **Am Flughafen**, um 1926, Nr.: 1 - 9 und 2 - 14
   Von Stollberger Str. 94 rechts abbiegend

   Bachgasse, 1879, 520 m, siehe Kappelbachgasse

3. **Carl - Hamel -Str.**, 1994, Nr.: 3 - 23 und 4 - 16
   Von der Neefestr. zur Winklhoferstr.
   Hermann Carl Hamel, 1859 - 1939,
   Erfinder und Unternehmer, Spinnereimaschinenbau in Schönau

4. **Chopinstraße**, 1951, Nr. 23 - 65 und 24 - 68, bis
   1887 Alte Friedrichstraße, ab 1887 Friedrichstr.,
   1885 bis 1950 Gabelsbergerstr.
   Von der Lützowstr.(hinter der Eisenbahnbrücke links) zur Stollberger Str.
   Frederic Chopin, 1810 - 1849, polnischer Komponist und Klaviervirtuose

5. **Deulichstraße**, 1951, Nr. 1 - 11 und 2 - 10,
   bis 1907 Turnstraße, 1907 bis 1950 Querstraße
   Von der Chopinstr. zur Platnerstr.
   Philipp Deulich (Dulichius), 1568 - 1631, Professor der Musik,
   in Chemnittz geborener Komponist

6. **Dr. -Salvador - Allende - Str.**, 1974, Nr. 1 - 191 und 2 - 256
   Vom ehem. Flughafengebäude parallel zu Stollberger Str. zur Str. Usti
   nad Labem
   Dr.med. Salvador Allende, 1908 - 1973, Sozialist
   1970 zum Präsident Chiles gewählt, 1973 durch Pinochet-Putsch gestürzt
   und ermordet

Fischergäßchen
Durch Grundstücksteilung entstandene Gasse zwischen Zwickauer
Str. 151 u. Voigtstr.
Der Name verweist darauf, daß der Kappelbach mind. seit dem 13. Jh. über
„einen stattlichen Fischreichthum" (verfügte) „und die Ausübung der
Fischerei" ermöglichte.

Friedrichstraße, 1879, 840 m, Alte, siehe Chopinstraße;
Neue Friedrichstr., siehe Lützowstr.

Gabelsbergerstraße, 1900, siehe Deulichstraße
Xaver Franz Gabelsberger, 1789 - 1849, Erfinder der Stenographie

Gluckstraße, 1904
Von der Schumannstr. zur Parkstr.
Christoph Willibald Gluck, 1714 - 1787, deutscher Komponist

Händelstraße 1904
Von der Schumannstr. zur Parkstr.
Georg Friedrich Händel, 1685 - 1759, deutscher Komponist

7. **Hardenbergstraße**, 1919, Nr. 1 - 7 und 2 - 4
Von der Chopinstr. zur Lützowstr
Karl August Fürst von Hardenberg, 1750 - 1822,
preuß., politisch-liberaler Reformer, Fortsetzer der Steinschen
Reformen (Gewerbe- und Religionsfreiheit, Judenemanzipation).

8. **Haydnstraße**, 1904, Nr. 2 - 40
Von der Zwickauer Str. zur Parkstr.; Der unbebaute Abschnitt von der
Zwickauer zur Neefestr. hieß vor 1907
Krumbiegelscher Feldweg, ab 1907 Schubertstr.
Franz Joseph Haydn, 1732 - 1809, österreichischer Komponist

Hofer Chaussee, um 1876, siehe Zwickauer Str.

9. **Horststraße**, 1879, 100 m, Nr. 1 - 27 und 2 - 26
Von der Haydnstr. zur Platnerstr.

10. **Irkutsker Straße**, 1976, Nr. 1 - 289 und 2 - 48
Wohngebiet, daß zwischen 1972 und 1975 auf vorwiegend Kappler Flur,
zwischen Hardenbergstr und Stollberger Str., zwischen Haydnstr. und
Helbersdorf entstand.
Russische Gebietshauptstadt in Mittel-Sibirien,

11. **Kappelbachgasse**, 1951, Nr. 47 um 1876 Sommerweg,
ab Nr.:19 Pfarrfeldweg, vor 1879 bis 1950 Bachgasse
Von der Michaelstr. zur Zwickauer Str.

Karlstraße, 1879, 100 m,
zwischen Alter und Neuer Friedrichstr., ab 1887 siehe Neefestr.

12. **Kleiststraße**, 1904, Nr. 1 - 15 und 2 - 16
Von der Richard - Wagner - Str. zur Platnerstr.
Heinrich von Kleist, 1777 - 1811, deutscher Dichter

13. **Kohlstraße**, 1897 , Nr. 1 - 3
Von der Zwickauer Str. zur Voigtstr. (nicht durchgehend)
Kirchenrat Kohl, 1813 - 1881, Superindentent

Krumbiegelscher Feldweg, vor 1879
Von der Zwickauer Str. zur Neefestr., siehe Schubertstr.
Eine der ältesten und größten, aber auch der letzten (1912) Landwirts-
familien in Kappel. Stellte viele Gemeinderatsmitglieder und Gemein-
deältesten. Noch 1948 wurde ein K. als Friedensrichter in Chemnitz
zugelassen.

Lisztstraße, 1914
Von der Parkstr. Nr.: 62 bis zur Johannes - Reitz - Str.
Franz Liszt, 1811 - 1886, österr.-ungar. Komponist und Klaviervirtouse

14. **Lorenzstraße**, Nr. 1 - 3 und 2 - 4
Zwischen Haydn- und Richard - Wagner - Str.

Lortzingstraße, 1901
Von der Haydnstraße zur Parkstr.
Albert Lortzing, 1801 - 1851, deutscher Komponist

15. **Lützowstraße**, 1900, Nr. 3 - 63 und 2 - 84, bis 1887
Neue Friedrichstr.,ab 1887 Wilhelmstraße
Von der Zwickauer Str. zur Irkutsker Str.
Adolf Ludwig Wilhelm Freiherr von Lützow, 1782 - 1834, Freikorps-
Kommandeur in den Nationalen Befreiungskriegen, 1813/14

Marschnerstraße, 1904
Von der Gluck- zur Händelstraße
Heinrich Marschner, 1795 - 1861, deutscher Komponist

Michaelstraße, 1900, bis 1900 Waldenburger Str.
Von der Zwickauer Str. zur Weststraße
Prof. Julius Oskar Michael, Superindentent, Geheimer Kirchenrat, gestor-
ben 1908, Pfarrer in St.Nikolai

Mühlgasse, 1879, 560 m, siehe Am Feldschlößchen

16. **Neefestraße**, Nr. 81a - 149a und 54 - 96, seit 1862 in
Chemnitz bestehend, wurde sie 1900 um die seit 1879 in Kappel beste-
hende Karlstr. verlängert., siehe Karlstr.
Von der Haydnstr. zur Flurgrenze zu Schönau
Angesehene Tuchmacherfamilie des 15. Jh., die mehrere Bürgermeister
und Ratsherrender Stadt Chemnitz im 16. und 17. Jh. stellte.

17. **Neubauernweg**, nach 1946
Von der Neefestr. zur Bahnlinie Chemnitz - Zwickau

Parkstraße, 1881
Von der Stollberger Str. zur Helbersdorfer Straße

Pfarrfeldweg, siehe Kappelbachgasse

18. **Platnerstraße**, 1911, Nr. 1- 43 und 10 - 52
Von der Neefestraße zur Irkutsker Str.
Angesehene Chemnitzer Familie, der einige Chemnitzer Bürgermeister
und Ratsherren entstammen

Querstraße, 1907, siehe Deulichstraße

19. **Richard - Wagner - Straße**, 1908, Nr. 1 - 49e und 4 - 74
Von der Neefestraße zur Johannes - Reitz - Straße
Richard Wagner, 1813 - 1888, deutscher Komponist und Dichter

Richtergasse, 1879, 108 m, siehe Schillstraße

20. **Schillstraße,** 1900, bis 1900 Richtergasse
Von der Zwickauer Str. zur Kappelbachgasse
Ferdinand von Schill, 1776 - 1809, preuß. Offizier im Nationalen Befrei-
ungskampf gegen Napoleon 1812/1813

Schubertstr., siehe Krumbiegelscher Feldweg
Franz Schubert, 1797 - 1828, öster. Komponist

Schumannstraße, 1904
Von der Gluckstraße zur Händelstraße
Robert Schumann, 1810 - 1856, deutscher Komponist

Sommerweg, um 1867, siehe Kappelbachgasse

21. **Steinstraße**, 1900, Nr. 1 - 7 und 6, bis 1900 Albertstraße
Von der Zwickauer Str. zur Voigtstraße
Karl Reichsfreiherr vom und zum Stein, 1757 - 1831,
preuß., politisch-liberaler Reformer

22. **Stollberger Str**, Nr. 70 - 100, seit 1828 in Chemnitz benannt

23. **Straße Usti nad Labem**, 1974, Nr. 1 - 329 und 10 - 278
Wohngebiet „Am Flughafen", parallel zur Stollberger Str. und zum Südring
Usti nad Labem (Aussig), Partnerstadt von Chemnitz in Tschechien

24. **Südring**, 1979/80, Nr. 15
Verkehrstangente zwischen Stollberger Str. und Neefestr., Teil des geplanten äußeren Stadtringes von der Bahnstr. zur Annaberger Str.

25. **Tieckstraße**, 1905, Nr. 1 - 5 und 2 - 6
Von der Zwickauer Str. zur Voigtstraße
Ludwig Tieck, 1773 - 1853, deutscher Dichter

Turnstraße, 1891, siehe Deulichstraße
Verweist auf den Standort der ersten Kappler Vereins-Turnhalle

26. **Voigtstraße**, 1879, 400 m, Nr. 1 - 29 und 2 - 38
Von der Lützowstraße zur Tieckstraße
Fürchtegott Moritz Albert Voigt, 1829 - 1895, Erfinder und Unternehmer
in Kappel, Begründer der deutschen Stickmaschinenindustrie (heute Schleifmaschinenwerk)

Waldenburger Straße, 1879, 160 m, siehe Michaelstraße

Wilhelmstraße, 1879, 560 m, siehe Lützowstraße

27. **Winklhoferstraße**, 1994, Nr. 3 - 15 und 14 - 20
Vom Südring zur Carl - Hamel - Str.
Johann Baptist Winklhofer, 1859 - 1949,
Mitbegründer der traditionsreichen Wanderer - Werke in Schönau

28. **Zwickauer Straße**, 1879, 1040 m, Nr. 129 - 205 und 126 - 170,
um 1876 noch Hofer Chaussee. Nach der Benennung durch die Stadt Chemnitz, 1885, wurde sie um die Kappler Grundstücke verlängert. 1900 erfolgte
dann die durchgehende Nummerierung.

Gemeindegebiet der Kirchgemeinde St. Nikolai bis 1945

Alfredstraße
Am Flughafen
Am Walkgraben
Dittersdorfer Straße: 1 - 101, 2 - 80, 82 - 104
Eschestraße (heute Teil der Lortzingstr.)
Eulitzstraße: 2 - 28
Friedrich-Schlegel- Straße (heute Reichsstr.): 1 - 7, 2 - 2h
General-Litzmann-Straße (heute Ulmenstr.): 2 u. 16 - 46
Goetheplatz: 10
Goethestraße: 1 - 3, 9 u. 26 - 38
Heinrich-Beck-Straße: 64 u. 65 - 71
Helbersdorfer Straße: (außer 2 zu Thomas)
Herbertstraße
Hindenburgplatz: (heute Gerhart-Hauptmann-Platz)
Hoffmannstraße
Hübnerstraße: (heute Teil der Lortzingstr.)
Hübschmannstraße: 1 - 11, 2 - 14
Immelmannstraße: (heute Scheffelstr.)
Johannes-Reitz-Straße
Kurfürstenstraße: (heute Puschkinstr.)
Lisztstraße: 7
Lortzingplatz: 10
Ludendorffstraße: (heute Barbarossastr.): 1, 3 19 - 39, 2 u. 4
Markgrafenstraße: (heute Agricolastr.)
Michaelstraße: 2 - 12, 14 - 60
Mozartstraße
Neefestraße: 37 - 69
Platanenstraße: 1, 3 u. 2 - 6
Pornitzstraße
Richard-Wagner-Straße: 90
Stollberger Straße: 3 - 11, 2 - 22, 52-56, 107 - 111 u. 82 - 130
Weststraße: 41 - 73
Zwickauer Straße: 1 - 125 u. 18 - 116

Gemeindegebiet der Kirchgemeinde
St. Thomas bis 1945

Am Feldschlößchen: 1 - 17
Bachgasse (heute Kappelbachgasse): 1 - 17, 2 - 26, von 19 u. 28 an (10 Matth.)
Gabelsbergerstraße (heute Chopinstr.)
Gluckstraße
Händelstraße
Hardenbergstraße
Haydnstraße
Helbersdorfer Straße: 2
Horststraße
Kleiststraße
Kohlstraße
Lisztstraße: 1 - 3, 2 - 12, 5 - 13 u. 14 (7 zu Nikolai)
Lortzingplatz: (außer 10 zu Nikolai)
Lortzingstraße: 3 - 9, 2 - 36 (1 zu Pauli)
Lützowstraße
Marschnerstraße
Michaelstraße: 1 - 13
Neefestraße: von 71 u. 54 an
Parkstraße: von 17 u. 48 an
Platnerstraße
Querstraße (heute Deulichstraße)
Richard-Wagner-Straße: (außer 90 zu Nikolai)
Schillstraße
Schubertstraße: (heute Teil der Haydnstr.)
Schumannstraße
Steinstraße
Stollberger Straße: 70 - 74, 71 - 105
Tieckstraße
Voigtstraße
Zwickauer Straße: von 125 u. 118

11. ANHANG

Autoren

Feldkamp, Jörg, Dr. phil.
Direktor Industriemuseum Chemnitz
S. 91 - 92

Fromme, Julia, Diplom-Historikerin
S. 13 - 30, 93 - 95, 98 - 104

Görschler, Henry, Dr. phil.
Dozent der Universität Leipzig i. R.
S. 149 - 155

Hueber, Alfons, Dr. jur.
Notar in Chemnitz
S. 105 - 110

Matthes, Heiner, Diplom-Ingenieur
Publizist zur Verkehrsgeschichtes
S. 119 - 140

Richter, Gert, Dr. phil. sc.
Stadtarchivar und Stadthistoriker i. R.
S. 9 -11, 96 - 97, 141 - 148

Uhlmann, Wolfgang, Dr. phil.
Wissenschaftlicher Mitarbeiter
Industriemuseum Chemnitz
S. 73 - 90

Viertel, Gabriele, Diplom-Archivarin
Direktorin Stadtarchiv Chemnitz
S. 111 - 118

Weber, Stefan
Türmer der Stadt Chemnitz
Kirchenvorstand St. Nikolai/Thomas
S. 31 - 72, 156 - 157

Abbildungsnachweis

Architekturbüro Werner Wendisch: 98

Eichhorn, Jürgen: 138

Hueber, Alfons: 105, 107, 108, 110

Industriemuseum Chemnitz: 87 oben, 91

Kirchenarchiv St. Nikolai - Thomas: 50, 51, 58, 60, 62, 63, 64, 66

Matthes, Heiner: 127 unten, 129 oben u. unten, 130 oben u. unten, 133 oben
u. unten, 135 oben

Schloßbermuseum: 36

Stadtarchiv Chemnitz: 12, 24 oben u. unten, 26, 27, 76, 81, 86, 87 unten, 93,
94, 100, 112, 113, 116

Verlag Heimatland Sachsen GmbH: Tilelbild, 10, 13, 17, 19, 22, 29 oben u.
unten, 45, 69, 71, 73, 75, 77, 79, 80, 82, 83, 88, 89, 92, 97, 103, 104, 117, 121,
127 oben, 136, 141, 142, 144, 145, 146, 147, 148

Weber, Stefan: 14, 28, 32, 39, 47, 49 oben u. unten, 53, 55, 57, 61, 65, 84, 99,
101, 122, 135 unten,137